Etoile

Marie-Claude Pietragalla

Etoile

tome 6 : La Consécration

Sur une idée d'Olivia de Dieuleveult
et avec la collaboration de Kidi Bebey

Michel Lafon

118, avenue Achille-Peretti – CS 70024
92521 Neuilly-sur-Seine Cedex

www.lire-en-serie.com

Loi n°49-956 du 16 juillet 1949 sur les publications destinées à la jeunesse

Dès son plus jeune âge,
Marie sait qu'elle veut danser.
Elle va vivre sa passion pour
la Danse, dans l'une des plus
belles institutions françaises,
l'Opéra de Paris.
L'apprentissage sera long, mais
la route est belle, parsemée de
rencontres, d'aventures et d'émotion.
Très bonne lecture.

M C Pietragalla

Résumé du tome 5
L'Envol

Marie est désormais en classe de première division ; il s'agit de sa dernière année scolaire. Elle fait donc partie des « grandes » des petits rats et ne loge plus dans le dortoir de l'École de danse sous les toits du palais Garnier, mais dans un foyer à part. Alors qu'elle s'imagine partager sa chambre et cette dernière année avec son amie Elsa, elle doit faire face à un rebondissement inattendu : les jumelles Golovinoff sont reparties à Moscou ! Leur père a échappé de peu à la mort, et toute la famille s'est précipitée à son chevet. Pour garder son niveau de danse, Elsa s'inscrit au Bolchoï, la prestigieuse école russe mondialement connue, mais elle promet à son amie de revenir à Paris aussi rapidement que possible.

Heureusement pour Marie, elle peut toujours compter sur le soutien de sa meilleure amie Tina, même à distance. La jeune Corse est toujours là pour lui remonter le moral et lui rappeler de croire en ses rêves… même quand tout semble s'acharner contre elle ! Car ses camarades de l'École semblent bien décidées à lui en faire baver, Aurore Bessier en tête

– comme toujours. Des rumeurs infondées circulent, et alors que Marie pense être seule face à l'adversité, elle fait la connaissance de Joséphine, une nouvelle élève arrivée tout droit du conservatoire. Marie ne lui avait pas trouvé l'air franchement sympathique au premier abord, mais elle se rendra vite compte que Joséphine est dans son camp. La nouvelle élève lui apportera finalement tout le soutien dont elle aura besoin pour ne pas baisser les bras !

Après une succession de hauts et de bas, celle que l'on surnomme Maïka parvient à se concentrer sur son objectif principal : le concours qui permet aux meilleurs élèves de première division d'intégrer la troupe de l'Opéra de Paris. Maïka termine en première place et devient officiellement membre du corps du ballet, mais en plus de cela, le célèbre Loris Léjart l'a repérée et souhaiterait qu'elle soit la danseuse principale dans sa prochaine création… La carrière de Marie Pietro est donc lancée au grand galop !

Les personnages

Marie Pietro : La jeune fille évolue au sein de la prestigieuse institution de l'Opéra de Paris. Chaque jour rapproche un peu plus le « petit rat » de son grand rêve : devenir danseuse étoile !

Tina : La meilleure amie de Marie habite en Corse. À la suite d'un grave accident de cheval, la jeune fille a perdu l'usage de ses jambes, mais pas son sens de la repartie ! Elle et Marie passent des heures au téléphone, à se raconter leurs aventures respectives.

Elsa Golovinoff : Sœur jumelle d'Émilie, elle est l'une des meilleures amies de Marie. Pleine d'humour, elle a du mal à se conformer à la discipline de la danse classique avec son tempérament de feu !

Émilie Golovinoff : Sœur jumelle d'Elsa, elle est l'une des meilleures amies de Marie. Plus sérieuse que sa sœur, elle est très calme, posée, et a toujours un bon conseil à partager.

Aurore Bessier : Ennemie jurée de Marie, elle a pris cette dernière ainsi que ses amies les jumelles en grippe et serait prête à tout pour leur mettre des bâtons dans les roues. Son surnom « TTPPQ » est l'acronyme de « Tu te prends pour qui ? », la réplique préférée d'Aurore.

Lancelot : Camarade de classe de Marie à l'Opéra, il est passionné de danse et de voyages. Bizarrement, bien avant de le connaître, Marie avait baptisé son journal intime Lancelot… Serait-ce une sorte de signe ?

Claude Bessier : Aussi appelée « La Grande Mademoiselle », elle est la directrice de la danse à l'Opéra Garnier. C'est elle qui supervise l'internat des petits rats. Elle est aussi la tante d'Aurore, mais ne lui accorde aucun traitement de faveur.

Mademoiselle Renucci : La directrice administrative de l'Opéra ne se laisse pas marcher sur les pieds, et qui s'y frotte s'y pique ! Les jumelles la surnomment d'ailleurs « le Cactus »…

Cyril Asnatoff, Christine Baussard : Danseurs mondialement connus, ils font partie des professeurs de Marie à l'Opéra.

Jeanne Pietro : La mère de Marie est très douce et a eu beaucoup de mal à laisser partir « son petit poussin » du nid familial.

Jacques Pietro : Le père de Marie l'a toujours encouragée à poursuivre ses rêves. Il est pour sa fille d'un soutien infaillible.

Ludmilla Golovinoff : La mère des jumelles est une ancienne danseuse étoile d'origine russe.

1

Il était seulement sept heures trente et Marie venait de sortir du métro. De la place de l'Opéra, la jeune danseuse contemplait le palais Garnier. Ses yeux parcouraient le somptueux édifice, depuis les marches de l'entrée où se dandinaient des pigeons jusqu'à la toiture de cuivre, couverte de vert-de-gris. Au-dessus du dôme central, la statue d'Apollon s'élançait vers le ciel. Le dieu antique brandissait une lyre dorée qui brillait dans la douce lumière de ce matin d'octobre. Sur la façade, au-dessus des colonnes du premier étage, des mots étaient inscrits en lettres d'or. *Chorégraphie, Académie nationale de musique, Poésie lyrique,* relut Marie avec fierté. Et pour la centième fois peut-être depuis son réveil, son cœur s'épanouit d'émotion.

Le temps était passé depuis le concours du mois de juillet précédent, mais elle n'en revenait toujours pas d'avoir été admise dans le corps de ballet de l'Opéra. « Et non seulement reçue, mais la première ! », aimait souligner Tina, sa meilleure amie. En réussissant ainsi cette épreuve, Marie avait changé de place dans « la grande maison » : désormais, elle n'était plus une élève, mais bel et bien une artiste. Elle avait quitté l'école des petits rats pour être engagée officiellement comme quadrille dans la troupe des danseurs. Elle avait signé un contrat d'engagement professionnel. Elle entrait, à l'âge de seize ans, dans le cercle des adultes. « *Quel honneur !* » se répétait-elle. C'est qu'elle avait conscience de prolonger ainsi une tradition très ancienne : celle de l'Académie royale de danse et de musique voulue par le roi Louis XIV lui-même, au XVIIe siècle. Quel prestige !

– Je suis si fier de toi ! Plus que fier, même ! s'était exclamé Jacques Pietro en applaudissant sa fille. C'est bien simple, je n'en reviens pas.

Quant à Jeanne, sa maman, elle n'avait pas non plus caché son admiration, se rappelant le jour où Marie était entrée dans l'enceinte de l'Opéra pour la première fois.

– Quand je pense à ton premier concours, avait-elle dit, la larme à l'œil. Tu n'avais pas dix ans et tu n'étais pas plus haute que ça, mon petit poussin… Et toute timide…

Pourtant, tu t'es lancée ; tu as dansé aussi bien que tu as pu et tu l'as eu, ce premier concours.

Sept ans plus tard, le « petit poussin » avait terminé sa scolarité en beauté.

– Et maintenant, regarde-toi ! avait conclu Jeanne Pietro. Te voilà désormais officiellement ballerine. Incroyable, non ?

Assurément, tout paraissait incroyable à Marie. Après le concours, son été avait ressemblé à un tourbillon. Au lieu des congés habituels, elle avait dû se contenter de deux semaines de repos pour se ressourcer auprès des siens et profiter de tout ce qu'elle aimait : les bains de mer et de soleil, l'air parfumé, la végétation de sa Corse bien-aimée… Puis la nouvelle ballerine avait repris l'avion, pleine d'excitation et d'ardeur. C'est qu'elle devait rejoindre, en Belgique, la troupe du chorégraphe français Loris Léjart. Ce dernier avait remarqué Marie au mois de juin précédent, à l'occasion d'une leçon exceptionnelle à l'École de danse. Il avait aimé son audace et sa liberté d'expression, au point qu'il avait même complimenté Marie – ce qui était rare.

– Pourrais-je vous emprunter bientôt votre danseuse aux cheveux de jais ? demanda-t-il à la directrice de l'École après la classe.

Claude Bessier lui sourit. Il n'était pas difficile pour elle de deviner de qui il parlait. Ses protégées n'étaient pas nombreuses à exprimer en dansant pareille force de caractère.

– Maïka. Elle s'appelle Maïka. Je comprends que vous misiez sur elle, cher Loris. J'en fais tout autant.

Et c'est ainsi qu'au mois d'août Marie pénétrait dans les locaux du Bal du XXe siècle. Elle devait remplacer une danseuse de la compagnie qui s'était cassé le bras. Elle se lança avec enthousiasme dans l'apprentissage de son rôle. Loris Léjart avait imaginé depuis plusieurs années déjà une chorégraphie étonnante, pour illustrer *Le Sacre du printemps*, d'Igor Stravinsky. La musique du compositeur avait déjà beaucoup surpris et même choqué le public lors de sa création. Allant encore plus loin, Léjart lui avait insufflé sa touche personnelle en créant un spectacle résolument moderne. Depuis, sa troupe donnait régulièrement cette pièce phare de son répertoire. Marie fut surprise de voir que sur scène, les danseurs portaient des justaucorps moulants de couleur chair et des chaussons assortis. Elle avait été habituée jusqu'alors à des costumes beaucoup plus fournis et chatoyants. Mais cette simplicité se limitait aux apparences, car la chorégraphie demandait au contraire une énergie hors du commun. Marie se lança corps et âme dans son exécution. Au bout d'un mois de travail, elle connaissait chaque pas et chaque tableau par cœur. Les dix représentations prévues en septembre lui donnèrent l'impression de passer comme un éclair… Et elle comprit à quel point ce travail l'avait épuisée lorsque, de retour chez elle, elle put enfin dormir longuement. Presque vingt heures sans ouvrir l'œil !

Toujours immobile sur la place, Marie se remémora durant quelques instants les dernières minutes de la chorégraphie. Les accents tragiques des violons se joignaient à l'ensemble des instruments de l'orchestre symphonique dans une apothéose rythmique… suivie des applaudissements chaleureux du public bruxellois… Croyant entendre applaudir encore tout près d'elle, la ballerine se retourna. Claude Bessier se tenait devant elle avec son éternel chignon blond impeccable, l'œil bleu, le visage éclairé d'un sourire chaleureux.

– Sept heures trente ! Bravo, ma petite Maïka. Vous êtes extrêmement matinale… À cette heure-ci, je parie que vos camarades commencent seulement à se réveiller…

Marie sentit une rougeur atteindre ses pommettes. Rapidement, elle effectua une petite révérence.

– Bonjour, mademoiselle.

– Oh, plus de ça entre nous, mon petit… fit Claude Bessier avec un geste de la main.

– Je… Je n'arrivais pas à dormir, vous comprenez ? se justifia Marie.

– Bien sûr que je vous comprends. Le premier jour de votre vie de danseuse du corps de ballet… Ce n'est pas rien ! Je me rappelle le mien comme si c'était hier. Mais j'espère que vous avez été réveillée par l'excitation, pas par l'angoisse. Vous avez pris un petit déjeuner équilibré, au moins ? C'est primordial.

Pendant que Marie repassait en revue dans sa tête ses jus d'orange, thé et tartines de pain complet, Claude Bessier la prit par le bras et l'entraîna vers le palais Garnier.

– Venez avec moi, Maïka. Allons-y. On ne va tout de même pas rester plantées au milieu de la place. Et je vous le répète : inutile de me faire la révérence désormais, surtout dans la rue ! Vous êtes passée chez les pros…

Pour la première fois de sa vie, Marie marchait tranquillement au côté de la directrice de l'École de danse de l'Opéra comme avec une collègue, sans avoir besoin de lui témoigner son respect… « *Incroyable !* pensa-t-elle.

C'est comme si tout avait changé, en seulement un été. »

– J'ai entendu dire que les choses s'étaient bien passées à Bruxelles… reprit Claude Bessier.

« Et maintenant, elle me fait la conversation ! »

Un peu décontenancée, Marie bafouilla :

– Oui… Heu… Je crois… C'était une expérience… Heu… Formida…

– Vous voulez mon avis ? la coupa Claude Bessier, péremptoire : ces chorégraphies de danse moderne… Pourquoi pas. Mais franchement, à quoi ça sert d'avoir appris à se servir d'une paire de pointes si c'est pour danser pieds nus ? Vous êtes douée pour le contemporain, mais je vous vois avant tout ballerine classique. Non, franchement, je suis contente que vous rentriez à la maison. Votre place est à l'Opéra, Maïka, croyez-moi. Et je vais continuer à vous suivre, même si ce sera de loin désormais… Et un jour, je l'espère, vous arriverez au plus haut niveau !

Marie écarquillait les yeux. En sept ans d'école, jamais elle n'avait eu l'occasion d'entendre la Grande Mademoiselle s'adresser à elle aussi longuement. En tant que petit rat, elle avait plutôt craint ses remontrances et sa sévérité. Claude Bessier poursuivait sur le même ton :

– Je tiens à vous dire que vous pourrez toujours venir me voir en cas de besoin, pour une chose ou une autre… Un problème… Ou tout ce que vous voudrez. Vous savez sans doute – ou vous l'avez senti – que je vous tiens en haute estime. D'ailleurs, certaines de vos jeunes collègues ont parfois pensé que j'avais une affection toute spéciale pour vous…

Marie baissa la tête en rougissant.

– Merci, fit-elle d'une petite voix.

– Ce genre de chose ne se contrôle pas ! Et puisque je vous aime bien, permettez que je vous donne quelques conseils pour vos débuts ainsi que pour les années à venir…

– Oui, bien sûr !

Elles avaient tourné au coin du bâtiment et se trouvaient maintenant devant l'entrée des professionnels. Avant de pousser la porte, la Grande Mademoiselle prit le temps de déclarer, d'un ton légèrement solennel :

– Eh bien voilà. D'abord, vous savez qu'en matière de danse on n'est jamais arrivé. On peut avoir un bon niveau, mais on doit chaque jour chercher à s'améliorer. Alors mon premier conseil sera de toujours danser le mieux possible. Sur scène bien entendu, mais aussi en répétition et même pendant les leçons quotidiennes ordinaires.

Marie faillit sourire au souvenir des discours de début d'année scolaire de l'École de danse. Claude Bessier et mademoiselle Renucci, son adjointe, celle qu'on surnommait « le Cactus », répétaient à chaque fois le même mot : travail, travail, travail.

– … Donc toujours travailler et toujours se remettre en question. Considérez votre succès au concours de juillet dernier comme déjà derrière vous. Le futur est tout ce qui compte désormais. Alors continuez à avancer, ma chère Maïka, et vous passerez de quadrille à coryphée, puis de coryphée à sujet, de sujet à première danseuse… et encore plus loin. C'est ce que je vous souhaite ! J'ajouterai à tout cela un autre secret très important : capacités physiques et talent ne suffisent pas, il faut également une grande force mentale. Non seulement pour tenir en cas de difficultés ou de découragement, mais aussi pour explorer et découvrir. La curiosité aussi, Maïka, c'est très important, vous verrez. Servez-vous au mieux de vos jambes et de vos bras, mais ouvrez vos yeux et vos oreilles sur les chorégraphes que vous allez rencontrer… Laissez-vous emmener, et vous découvrirez, grâce à eux, tout ce dont vous êtes capable. Débutez votre carrière dans cet état d'esprit, et je vous assure que vous ferez de grands bonds en avant !

Marie voyait briller dans le regard de Claude Bessier une flamme teintée d'espoir qu'elle n'avait jamais vue auparavant, comme si la sévérité habituelle de la directrice s'était soudain effacée. Elle avait ouvert grand les bras en terminant sa phrase. Voulait-elle l'embrasser en « petite mère » ? On appelait ainsi, à l'École, les danseurs et danseuses qui jouaient, pour les rats, le rôle de parrains et de conseillers. Bien que très surprise, Marie s'approcha pour lui faire la bise. Juste à ce moment-là, des danseuses pénétrèrent à leur suite dans l'entrée du bâtiment. Aussitôt, Claude Bessier oublia sa familiarité pour reprendre, bien vite, sa distance habituelle.

– Allez, mademoiselle, lança-t-elle, circulez !

Interloquée, Marie stoppa net à son tour. La directrice s'apprêtait à tourner les talons. Avant de partir, elle se pencha vers son ancienne élève.

– Chut ! Je ne vous ai rien dit, n'est-ce pas ? Allez, ouste, du balai ! Vous comprenez ce que je viens de dire ? Du balai !

Un clin d'œil et un petit sourire discret rétablirent brièvement la connivence entre elles. Puis la Grande Mademoiselle prit le couloir de gauche menant à l'École, tandis que Marie partait vers la droite, en direction des salles de travail de la compagnie.

« Du balai ? Ou bien... du ballet ? Ah mais oui, bien sûr ! J'ai compris. Je suis désormais du ballet », se répéta la jeune danseuse. Et elle s'éloigna en savourant mentalement le jeu de mots de son ancienne directrice.

2

Quelques mètres plus loin, Marie s'arrêta. Où devait-elle aller ? Ou plutôt, où pouvait-elle discrètement s'installer en attendant le premier cours de la matinée ? Elle avait près d'une heure et demie d'avance.

– Allons, mademoiselle, qu'est-ce que vous faites ici ? fit cette fois une voix d'homme, près d'elle.

– Euh… Pardon ? se ressaisit Marie.

– Ah, je vois ! s'exclama gentiment celui qui venait de parler. Vous êtes l'une des nouvelles du corps de ballet, je parie. Un petit oiseau de l'année, tombé du nid de l'École de danse et un peu perdu. Pas vrai ?

– Euh… On peut dire ça comme ça, oui, sourit Marie.

– Et voilà, je le savais ! Il faut dire qu'avec l'expérience, je les reconnais au premier coup d'œil, imaginez-vous. Chaque année, je les vois arriver. Quel poste allez-vous occuper ? Oh, ne dites rien, laissez-moi deviner : quadrille, je parie.

– Oui, répéta Marie, à la fois intriguée et amusée par son interlocuteur.

L'homme était d'un contact sympathique et mettait immédiatement à l'aise.

– Oh ! Ce n'était pas très compliqué à deviner. Mon premier indice, c'est qu'il y en a toujours une qui arrive très, très en avance, même si le premier cours n'est qu'à neuf heures. Le deuxième indice ? Vous voulez le connaître ? Eh bien, vous écarquillez les yeux comme une jeune première !

Il se mit à rire tandis que Marie se rappelait sa nuit, mêlée de rêves et de cauchemars, et qui s'était terminée à… cinq heures du matin, tant l'excitation de ce premier jour était forte.

– Je suis assez matinale, commenta-t-elle.

– Alors, vous savez quoi ? reprit l'homme.

Vous allez être ma chanceuse du jour : celle que je vais emmener découvrir les passages secrets de l'Opéra. Tous les jours, je parcours les dizaines de kilomètres de couloirs de la maison.

Comme Marie le regardait d'un air interrogateur, il expliqua :

– Ah, oui, parce que j'ai oublié de me présenter : je suis l'intendant de l'Opéra Garnier. Monsieur Perrin. En résumé, je suis la personne qui possède toutes les clés de toutes les portes de la maison. J'aime autant vous dire que ça pèse. Vous imaginez : il y a plus de mille six cents portes en tout !

Il sortit alors deux énormes trousseaux de clés de ses poches de pantalon et les brandit devant Marie.

– Ah oui, commenta-t-elle. Ça doit valoir son pesant d'or.

– Je ne vous le fais pas dire. Alors, je vous emmène ? Prête pour la visite ?

Marie lui répondit avec un grand sourire :

– Prête !

Après tout, Claude Bessier ne venait-elle pas de lui recommander de se montrer curieuse ?

– Et votre nom, mademoiselle, c'est… ?

– Maïka ! affirma-t-elle

– Très bien. Alors, suivez-moi, Maïka. Visite spéciale pour vous ce matin. Et nous commencerons par le sous-sol, avant de remonter voir si un fantôme ne se cache pas au sommet du palais !

Marie lui emboîta le pas, amusée par le ton faussement mystérieux de l'intendant. Ils débutèrent la visite par le sous-sol. Au détour d'un long couloir souterrain, une porte métallique dotée d'une serrure imposante bloquait le passage. Sans la moindre hésitation, monsieur Perrin sortit l'une de ses grandes clés et la fit tourner dans la serrure. Mais avant d'ouvrir la porte, il se tourna vers Marie.

– Vous connaissez évidemment le célèbre *Lac des cygnes*, mademoiselle Maïka.

Elle hocha la tête en guise de réponse.

– Eh bien savez-vous qu'il existe un vrai lac ? Ici même ?

Croyant à une plaisanterie, Marie se mit à rire.

– Un lac à l'Opéra ?

– Abracadabra ! fit pourtant monsieur Perrin en ouvrant la porte.

Il s'effaça pour laisser la jeune fille entrer la première. Un instant après, la surprise lui coupait le souffle. Ses yeux écarquillés découvrirent une vaste étendue d'eau, sous une immense structure de voûtes en brique.

– Ça alors ! Ça alors… articula-t-elle.

– Eh oui ! repartit l'intendant. Mais rassurez-vous, ce n'est pas de la magie. Ce « lac » est en réalité une cuve, voulue par l'architecte de l'Opéra, Charles Garnier, en 1860. Lors de la construction, il s'était aperçu que le sous-sol du site était marécageux et que de l'eau s'infiltrait sur le chantier. Il a alors contourné le problème en faisant carrément creuser un réservoir sous l'Opéra. Ainsi le limon infiltré allait pouvoir bétonner la cuve, et l'eau renforcer le bâtiment pour empêcher son effondrement. Astucieux, hein ? La cuve est remplie de un mètre quatre-vingts d'eau. Pratique en cas d'incendie, pas vrai ? Et elle est aussi large que le plateau au-dessus : vingt-cinq mètres sur soixante-cinq. Pas mal, non ?

Marie n'en revenait pas. Elle avança de quelques pas supplémentaires sous la voûte.

– Oh ! lala ! N'allez pas plus loin, ma petite Maïka ! C'est un véritable labyrinthe là-dedans. Je préférerais ne pas vous perdre pour toujours, alors que vous débutez votre vie professionnelle.

– Pas d'inquiétude, je sais nager ! répliqua Marie sur le même ton.

– Peut-être, mais restez à mon côté. On ne sait jamais quel cygne changé en dragon pourrait se cacher dans ces eaux... Venez plutôt avec moi. Cette fois je vous emmène tout en haut et on finira par le milieu de la maison.

Ils reprirent des escaliers qu'ils gravirent longuement.

– Il y a plus de trois cents marches, fit remarquer l'intendant. Vous voyez, je ne suis pas danseur, mais j'ai tout de même l'occasion de faire de la gymnastique tous les jours !

Marie s'attendait à déboucher au sommet, sur les toits du palais, mais son accompagnateur se contenta de signaler brièvement la porte vers le ciel.

– Par ici on arrive sur les toits. Interdiction d'y aller, bien sûr.

– Bien sûr, acquiesça Marie d'un air entendu.

« *S'il savait... !* », se dit-elle en repensant aux nombreuses fois où elle avait secrètement trouvé refuge à cet endroit lorsqu'elle était petit rat. Puis monsieur Perrin indiqua encore une autre porte, que la jeune danseuse n'avait encore jamais remarquée.

– On va voir la coupole peinte par Marc Chagall ? demanda Marie.

– Oui. Mais je suis sûr que jamais vous n'avez pu la voir d'aussi près. Voici « le collier de perles », annonça-t-il orgueilleusement. Marie découvrit alors un minuscule couloir situé juste au-dessous du plafond peint de la salle de spectacle. Des petites lampes éclairaient la peinture d'une lumière presque magique.

– On les appelle « bobèches », expliqua monsieur Perrin, des bobèches en opaline.

Pour la première fois de sa vie, Marie pouvait observer chaque détail de la peinture, qu'elle aurait presque pu toucher. En bas, la scène semblait s'être réduite, comme une image au bout d'une longue-vue.

– Quelle chance d'être ici ! s'exclama la jeune ballerine émerveillée.

– Allez, suivez-moi encore, reprit l'intendant, content de ses effets. Je vous emmène dans un lieu stratégique que vous devez connaître…

Quelques instants plus tard, il ouvrait une nouvelle porte et s'effaçait pour laisser Marie entrer.

– Je vous donne deux minutes dans le « central costumes », dit-il. Seulement deux.

En trois pas, Marie se retrouva à l'intérieur et ses yeux, aussitôt, s'écarquillèrent. Sur de longs établis étaient disposés des ciseaux, des boules d'épingles, des pelotes de laine et de fil et des mètres-rubans. Il y avait aussi des tables et des fers à repasser. Des têtes de mannequins étaient surmontées de perruques, de masques, de chapeaux, de toques ou de diadèmes en plumes, en paille ou encore en feutre… Suspendus à des tringles, des robes, des vestes et des tutus attendaient réparations ou essayages. Paillettes et fausses pierres, fixées sur des bijoux, accrochaient la lumière. Des plumes multicolores et des rouleaux de tissu – soie, mousseline, tulle, organza, satin – attendaient les décisions des chefs d'atelier. Une véritable caverne d'Ali Baba !

– Cela fait deux minutes ! lança l'intendant.

Tout à la fois heureuse et déçue, Marie ressortit prestement.

– Mais c'était trop court ! se plaignit-elle. J'aurais voulu en voir plus. C'est tellement beau !

– Oui, ma petite Maïka. Parce que toutes les personnes qui travaillent à l'Opéra ont la passion en commun, affirma l'intendant avec fierté. Vous comprenez pourquoi je vous ai proposé d'effectuer quelques arrêts sur mon parcours quotidien. Dans notre maison, les artistes ne sont pas seulement les danseuses ou les cantatrices qui montent sur scène. Plusieurs corporations travaillent chaque jour aussi bien que possible pour mêler, ici, l'artisanat et la haute couture. Mais il y a aussi des tapissiers, des peintres, des électriciens, des sculpteurs, des modistes, des tailleurs, des ingénieurs du son…

– Cette visite est un véritable cadeau, répondit Marie, reconnaissante. Je ne sais pas comment vous remercier.

– Venez, on va terminer par la grande salle, reprit simplement l'intendant.

Cette fois Marie fit son entrée par le fond, comme si elle s'était trouvée au milieu des spectateurs. Elle n'en revenait pas de pouvoir ainsi fouler le tapis dans cet espace tout en rouge et or qui, le soir, vibrait d'applaudissements !

– Deux mille personnes peuvent être assises ici en même temps, signalait justement l'intendant. Depuis les premières places, juste après la fosse d'orchestre, jusqu'aux balcons et, tout là-haut, le poulailler… N'est-ce pas magnifique ?

Marie approuva d'un mouvement de la tête. La salle, vide à cette heure, s'offrait à eux. Ils montèrent sur la scène et passèrent derrière le rideau peint en trompe-l'œil.

– Imaginez, Maïka. Tout au fond, dans les profondeurs, le lac. Puis sous ce plancher, une quinzaine de mètres. Maintenant, regardez en l'air : là, c'est quarante-cinq mètres qu'il y a. Bien sûr, les spectateurs ne voient pas tout. Les décors d'immenses toiles peintes et les projecteurs sont cachés à leur regard. Les techniciens les font descendre des cintres, ou bien monter des profondeurs, selon les besoins. Mais tout de même, cet envers du décor qu'on appelle la « cage de scène », mesure soixante mètres de haut. Quelle machinerie et quelle organisation magnifique, non ?

Marie leva la tête. Les chiffres étaient impressionnants, mais le fait même de regarder en hauteur suffisait à lui donner le tournis. Elle chancela.

– Eh bien ! Eh bien ! Revenez sur terre avec moi, ma petite Maïka, réagit l'intendant. Nous allons d'ailleurs devoir quitter cette très belle salle car je crois que nous approchons de l’heure de votre premier cours, n’est-ce pas ? Dommage, j’aurais voulu vous montrer encore le grand escalier, le grand foyer de cinquante-quatre mètres de long, qui est un peu notre palais des Glaces à nous. Dans cet endroit, il faut imaginer de belles dames en robes d’époque à crinoline, agitant leurs éventails, et en train de discuter à l’entracte avec des messieurs en habit, aux perruques bouclées et poudrées… Tandis que dehors, des carrosses les attendent pour les ramener dans leurs demeures après la représentation… Il y a aussi le petit foyer qui communique avec la scène. Vous irez sans doute vous y échauffer avant les spectacles, quand vous aurez quitté l’une des trois cent trente-quatre loges du palais…

Marie abandonna ces images de rêve pour jeter un coup d’œil sur sa montre. Il lui restait dix minutes pour aller enfiler sa tenue de danse et rejoindre la salle où elle allait prendre sa première classe du matin.

– C’était génial ! s’exclama-t-elle. Super ! Extra ! Formidable ! Une merveilleuse introduction. Excusez-moi, je dois y aller, maintenant ! Au revoir, monsieur Perrin. Merci, merci !

– De rien, mon petit, lui lança-t-il en voyant qu'elle filait déjà. J'espère que ce grand tour de piste vous ouvrira les portes d'un futur paradis.

« *Et maintenant je sors côté jardin car je dois aller côté... cours... »,* se dit Marie, heureuse de ce nouveau jeu de mots. Il lui tardait de pouvoir enfin enfiler ses chaussons. « *Du ballet ! Du ballet !* se répéta-t-elle avec orgueil. *Oui, je suis membre du ballet !* »

3

– Bonjour ! lança Marie à la ronde.

Il devait y avoir une vingtaine de danseuses dans le vestiaire, mais aucune ne répondit. Deux ou trois seulement levèrent la tête puis la baissèrent à nouveau. *Super accueil !* pensa Marie en tentant de cacher sa déception. À travers l'espace encombré, la jeune ballerine se faufila jusqu'à une place vide et commença à sortir ses affaires. Elle hésitait : fallait-il mettre des demi-pointes ou lacer directement ses pointes ? Elle regarda autour d'elle. Une danseuse fixait une épingle dans son chignon, une autre resserrait le ruban à sa cheville. Une troisième commençait à enfiler des guêtres de laine… Certaines discutaient en petits groupes, d'autres paraissaient centrées sur elles-mêmes. Nul regard secourable ne se tournait vers Marie.

– Est-ce que… ?

Cette fois, elle renonça à aller jusqu'au bout de sa phrase. Aucune danseuse ne prêtait attention à sa présence ou à ses paroles. Elle se décida pour une paire de pointes, puis ajusta son cache-cœur et quitta le vestiaire. En poussant la porte de la salle de cours, elle eut la surprise de découvrir plusieurs danseurs déjà occupés à s'échauffer. Ici et là, certains étaient assis ou même allongés sur le sol, en train de replier leurs jambes sur leur ventre, de travailler leurs ouvertures ou d'insister tranquillement sur leur grand écart facial. Et parmi eux se trouvaient de nombreux garçons. Ainsi donc un cours mixte était prévu. Et apparemment, il était de bon ton de venir à l'avance. Depuis combien de temps tout ce petit monde était-il arrivé ? Là aussi, chacun ne semblait penser qu'à lui-même.

« *Décidément ! Encore l'une de ces règles que personne n'a jugé bon de me transmettre…*

se dit Marie en levant les yeux au ciel. *Si ça continue, je vais me faire faire un tee-shirt où il y aura marqué : "Je vous ignore !"... Histoire de faire pareil.* »

Un détail lui rendit cependant son sourire : les tenues des danseurs présents étaient très variées et souvent fantaisistes. On pouvait voir aussi bien des pantalons de laine en patchwork que des shorts bouffants, des chaussons très usés comme des bottines de cuir rembourrées, des jupettes, des tee-shirts avec des débardeurs, des sweat-shirts à capuche, des bermudas molletonnés, des gilets sans manches… Et c'était également un festival de couleurs, allant du gris au vert en passant par le blanc, le rouge vif, l'orange fluorescent, le bleu canard… En réalité, chacun semblait avoir pris les premiers vêtements qu'il avait pu trouver dans son armoire, si bien qu'avec sa tunique académique un peu sévère, Marie détonnait presque.

Le souvenir fugace de sa tunique jaune vif lors du concours d'entrée à l'École de danse lui revint en mémoire et elle se moqua d'elle-même : « *Ma spécialité ! Le premier jour, je tombe toujours à côté !* »

Mais elle n'était pas la seule et un rapide coup d'œil autour d'elle lui permit de repérer trois visages d'anciennes camarades de l'École de danse habillées comme elle de très sages tuniques à jupette. Elle nota la présence réconfortante de Joséphine Tolédo, Cécile Maroni, Leïla Hamdane… Parmi les garçons, elle eut la joie de voir soudain apparaître son cher ami Lancelot ! Marie scruta le groupe plus attentivement. Non, elle ne se trompait pas : Aurore Bessier, son ennemie de toujours, n'était pas là. Se pouvait-il que la nièce de la Grande Mademoiselle n'ait pas été admise au concours ? Après son propre succès, Marie s'était empressée de quitter l'École pour rejoindre les siens en Corse, et elle n'avait pas cherché à en savoir plus… L'absence d'Aurore enlevait à Marie un poids, et elle en éprouva un véritable soulagement.

Après quelques signes de salutation discrets, Marie commença à s'échauffer les membres, comme tout le monde. Longue et large, la salle contenait quatre longues barres : deux près des murs et deux au centre. Le plafond haut ajoutait au caractère spacieux des lieux. Le sol avait visiblement été récemment refait. Enfin, de grands miroirs permettaient à chacun de se voir et de se corriger. Peut-être parce qu'elle se sentait intimidée en cette rentrée, Marie se réjouissait plus que jamais de bénéficier d'aussi bonnes conditions de travail. *Quelle chance !* Cet immense studio donnait à lui seul l'envie de danser, et elle se sentait prête à venir suivre là, sans faillir, sa première leçon quotidienne. Bientôt, une musicienne fit son entrée, des partitions sous le bras. Enfin, à l'heure pile du début du cours, une femme apparut. Bien que visiblement plus âgée que les danseurs présents, elle ne s'en tenait pas moins parfaitement droite avec un port de tête plein de distinction. Aussitôt, la légère rumeur des lieux laissa place à un silence respectueux.

– Pour celles et ceux qui ne me connaîtraient pas, dit la femme, je suis Violette Verzy, la directrice de la danse de cette vénérable maison. Je viens vous donner la première leçon de la rentrée.

Malgré la présence de nombreux danseurs célèbres entre les murs du palais Garnier, Marie se laissait encore impressionner par certains noms. Celui de Violette Verzy, ancienne danseuse étoile reconnue et très respectée dans le monde entier, lui fit beaucoup d'effet.

– J'en profite pour souhaiter la bienvenue aux nouvelles et aux nouveaux arrivants du corps de ballet. Après le cours, le directeur général de l'Opéra – en charge de l'ensemble de notre maison – viendra vous saluer…

Violette Verzy prit le temps de balayer du regard les visages présents.

– Eh bien, proposa-t-elle ensuite, veuillez prendre place, s'il vous plaît.

Marie posa la main sur la barre la plus proche. Très rapidement, comme à chaque fois, elle sentit monter en elle un sentiment de paix et de plénitude. Elle considérait les premiers accords au piano comme une invitation à se mettre en première position. Elle vérifia alors l'alignement de son corps : la tête, la colonne vertébrale, le cou, les épaules, le bassin, les jambes, l'ouverture impeccable des pieds en première position. Puis elle se lança dans les exercices, des pliés aux grands battements, en passant par les relevés, les retirés, les ronds de jambe, la petite et la grande batterie. Dans la salle, on n'entendait plus que le glissement des chaussons sur le sol, ainsi que les remarques de mademoiselle Verzy, comme ponctuant les notes de musique.

– Allons… Mieux tenu, ce bassin… Et ce bras… Pourquoi le laisser pendre ainsi ?… Jusqu'au bout du pied, le rond de jambe. Et… un et deux… trois et quatre… Voilààààà !

Comme chacun des danseurs présents, Marie refaisait connaissance avec elle-même. Faire ainsi inlassablement les mêmes exercices lui donnait l'impression de partir pour la même promenade chaque jour. Elle en connaissait l'itinéraire par cœur mais parvenait malgré tout à y découvrir à chaque fois quelque chose de nouveau : une fleur, un brin d'herbe, un caillou déplacé, un papillon venu voleter quelques secondes… La barre était un renouvellement comparable à la succession des jours : chaque matin le soleil faisait son apparition et chaque matin, il fallait se lever, s'échauffer, recommencer à jouer les mêmes gammes sur son instrument corporel… Les exercices du milieu suivirent, ainsi que l'adage. Au milieu, les garçons eurent un moment spécial, dédié aux sauts. Les filles eurent le leur aussi, dédié à des enchaînements très techniques, sur les pointes. Jusqu'alors, Marie n'avait pas encore trop porté attention à ses collègues. Mais elle prit soudain conscience que des danseurs de très haut niveau se trouvaient là : visiblement, elle partageait le cours de plusieurs étoiles ! Alors qu'elle s'apprêtait à faire un exercice avec d'autres, sur une seule ligne, elle remarqua une danseuse se tenant devant elle. Sa chevelure brun foncé avait attiré l'attention de Marie, mais c'est lorsqu'elle effectua une série de dix tours en dehors en équilibre sur sa pointe gauche qu'elle éblouit Marie. Son aisance la sidérait d'autant plus que ce mouvement était pour elle d'une très grande difficulté.

Durant une heure et demie de cours, la jeune ballerine se laissa mener ainsi, à la fois concentrée sur elle-même et attentive à la demande de sa prestigieuse enseignante, et tout heureuse à l'idée de pouvoir apprendre en observant l'époustouflante technique des meilleurs danseurs de classique de tout le pays.

Lorsque la leçon prit fin, Violette Verzy invita tout le monde à se rapprocher d'elle, au centre de la salle. Marie sentit qu'une main la frôlait dans le dos. Elle se retourna : Joséphine Tolédo lui souriait.

– Bonjour, articula-t-elle silencieusement.

Marie lui renvoya un clin d'œil complice.

– Le temps que le directeur de l'Opéra arrive, j'ai quelques petites minutes pour vous parler de votre nouvelle vie ici, dit Violette Verzy. Tout d'abord, un danseur qui se respecte commence sa journée par une leçon le matin, exactement comme vous venez de le faire. Je vous conseille donc d'être quotidiennement présents ici. Les professeurs se succéderont et cela vous enrichira. Venez déverrouiller vos muscles et améliorer votre technique. Vous avez le choix entre la leçon de neuf heures et celle de dix heures trente, selon l'heure où vous aurez terminé la veille. En ce moment même, ceux de vos camarades qui dansaient en spectacle hier viennent de démarrer leur cours dans une salle à quelques pas d'ici. De plus, vous l'avez remarqué, cette leçon regroupe des membres de la troupe de tous les niveaux. C'est donc également l'occasion pour les plus jeunes arrivants d'apprendre en observant les autres. Regardez comment travaillent nos premiers danseurs et nos étoiles. Inspirez-vous d'eux ; ce n'est jamais du temps perdu. Pour le reste, vous l'imaginez, un membre du corps de ballet passe ses journées à s'exercer. Soit parce qu'il apprend un nouveau rôle, soit parce qu'il en révise un. Les répétitions sont le lot quotidien. Certains danseurs montent sur scène le soir, d'autres se préparent au cas où ils devraient faire un remplacement. Si vous n'avez pas de spectacle le soir, votre journée se terminera vers dix-neuf heures. Sinon… (Elle se mit à rire)… je ne peux vous donner d'horaire. Disons beaucoup plus tard. À vous de vous organiser pour tenir ce rythme et gérer votre fatigue. Vous n'êtes plus à l'École de danse. Il n'y aura personne ici pour s'occuper de vos bobos ou veiller à ce que vous mangiez correctement. Personne non plus chez vous pour faire votre lessive, des courses, passer à la pharmacie, prendre rendez-vous chez le médecin. Vous êtes grands. Je ne peux materner les cent soixante-trois membres de la troupe que vous êtes. Je n'en ai pas le temps et je ne veux même pas entendre parler de tout cela. Ce que je souhaite, c'est que chaque soir les spectateurs arrivent impressionnés par la magnificence de l'Opéra et qu'ils ressortent enchantés et émus de ce qu'il auront vu. Depuis toujours, notre institution fait rêver le monde entier et je veux qu'elle continue à le faire, mois après mois et année après année. Alors désolée de le dire aussi sèchement, mais j'insiste : je veux pouvoir compter sur votre présence et la qualité de votre danse sur scène. Le reste ne m'intéresse pas. Vous êtes membres d'une troupe prestigieuse. C'est un honneur dont vous devez être dignes. Je compte donc sur vous pour donner le meilleur de vous-mêmes.

Elle venait de terminer lorsque le pas du directeur se fit entendre. Un homme de taille moyenne, en costume noir, chemise blanche et cravate, entra. Violette Verzy se tourna vers lui et déclara :

– Mesdemoiselles, messieurs, j'ai l'honneur de vous présenter monsieur l'administrateur général du Théâtre national de l'Opéra de Paris, monsieur Wolf Liedermann. Les danseuses effectuèrent aussitôt de petites révérences tandis que les garçons penchaient le buste et inclinaient la tête avec respect.

Avant de prendre la parole, le directeur se concentra quelques instants. Il semblait prendre le temps de peser ses mots.

– Je viens souhaiter une bonne rentrée à toute la troupe, dit-il. Je ferai de même avec vos camarades de l'autre salle à la fin de l'autre leçon du matin. Je ferai encore la même chose avec les musiciens et les chanteurs, car nous sommes tous membres de la même maison. Si j'ai accepté de prendre la direction de cette vénérable institution, c'est parce que le rayonnement de l'Opéra de Paris a atteint l'Allemagne, dont je suis originaire. Il y a bien sûr nombre d'opéras en Europe et dans le monde, mais celui de Paris a quelque chose de particulièrement fort et indéfinissable. Lorsqu'on m'a fait la proposition de venir ici, je n'ai pas tardé à accepter. Je tiens à vous dire que je compte sur chaque membre de la compagnie. À mes yeux, il n'y a pas de petit danseur à côté des grands. Ce n'est pas parce qu'on est tout au fond de la scène, au milieu d'un groupe et presque invisible, loin de l'éclat des projecteurs, que l'on ne compte pas. Non. À chaque représentation, tout le monde compte : des danseurs se réunissent et dansent ensemble pour offrir le plus beau spectacle possible. Alors que vous soyez dans l'ombre aujourd'hui ou dans la lumière demain, ayez toujours pour objectif de donner le meilleur de vous-mêmes. Je tenais à ce que vous l'entendiez de ma propre bouche.

Après ces paroles pleines de conviction, les deux directeurs s'en allèrent et les danseurs furent enfin autorisés à quitter la salle.

– Qu'est-ce que tu en as pensé, Maïka ? demanda Joséphine.

Marie tourna la tête vers sa camarade, étonnée qu'elle lui ait parlé. Durant la saison précédente, Joséphine Tolédo lui avait plutôt donné l'impression de faire partie de ses concurrentes parmi les plus dures.

– Eh bien… hésita Marie.

– J'avoue qu'ils m'ont impressionnée… reprit Joséphine.

– Moi aussi, reconnut Marie. J'adore ressentir… de l'enthousiasme. Et cette idée de prestige… J'avoue que ça m'impressionne aussi.

– Oui. À force de me dire que je danse ici, parfois, j'ai un peu le vertige, tout ça. Je me sens toute petite…

Les deux camarades venaient d'atteindre le vestiaire. Plusieurs danseuses se changeaient ou mettaient de l'ordre dans leurs affaires. Leïla et Cécile s'approchèrent en jouant des coudes.

– Bonjour ! Salut ! lancèrent-elles joyeusement. C'est génial qu'on soit ensemble, pas vrai ?

Marie acquiesça, mais elle ne put s'empêcher de poser une question :

– Et… Aurore ? Aurore Bessier… Vous avez des nouvelles ? demanda-t-elle en tentant de prendre un air indifférent.

– J'ai entendu dire qu'elle était à Marseille… dit Cécile.

– Ah bon ? Encore en vacances ? s'étonna Joséphine.

– Oui… ou bien non… Il y a une troupe remarquable là-bas : les Ballets de Marseille, de Roman Dupetit. Je crois qu'elle est allée les voir… Enfin, je ne sais pas trop…

Marie fronça les sourcils, intriguée.

– Mais alors, elle a réussi le concours ou pas ?

Ses camarades lui donnèrent des réponses confuses :

– Non ! Enfin oui ! En fait, on était quatre à être prises et elle est arrivée cinquième. Alors normalement, non. Elle doit être à Marseille…

Marie poussa un nouveau soupir de soulagement. En l'absence d'Aurore, le ciel se dégageait totalement…

– En tout cas, c'est génial, on est des professionnelles maintenant ! reprit Cécile. Ça rend toute chose, pas vrai ?

– Pfff ! leur lança alors une danseuse plus âgée.

Son dédain évident les surprit.

– Quoi ? Tu n'as pas entendu ce qu'a dit monsieur Liedermann ? demanda Leïla.

– Pfff ! répéta la danseuse. Visiblement, vous êtes des quadrilles, alors pour commencer, vous arrêtez de bavarder comme des pipelettes. Vous êtes au plus bas de l'échelle : on ne veut ni vous voir ni vous entendre. Profil bas, c'est compris ?

Sur le coup, les quatre camarades en eurent le souffle coupé. Puis Cécile osa répondre :

– On est quadrilles, mais on ne va pas se laisser faire. On fait partie de la même compagnie que toi, je te signale ! Et un jour, l'une d'entre nous pourrait très bien se faire remarquer et être nommée coryphée. Tu n'en sais rien !

– Exactement, renchérit Joséphine. Tu n'as aucune idée de notre niveau. Moi par exemple, je suis entrée directement en dernière année de l'École, l'an passé. Je venais du conservatoire. Personne ne peut dire…

La danseuse l'interrompit en haussant les épaules d'un air supérieur.

– Vous n'avez pas l'air de comprendre, reprit-elle. Premièrement vous n'êtes rien du tout. Deuxièmement, vous n'êtes rien du tout. Et troisièmement, même l'ombre d'une rognure d'ongle du dernier petit orteil de votre pied est encore plus importante que vous. Les quadrilles ne doivent ni se faire voir ni se faire entendre. Votre travail, c'est de combler les trous sur scène. Remplaçantes de remplaçantes de remplaçantes, si vous voyez ce que je veux dire. Quant à une nomination comme coryphée ou comme sujet, vous n'avez rien compris : pour passer d'un échelon à l'autre dans le corps de ballet, vous devrez passer le concours annuel, comme tout le monde. Alors ne rêvez pas. Il n'y a que les étoiles qui sont nommées…

Sur ces paroles, elle leur tourna le dos et s'en alla, pleine de dédain.

En entendant le mot « concours », Marie eut un pincement au cœur. Elle n'avait pas trop prêté attention jusqu'alors à la manière dont les danseurs pouvaient progresser à l'intérieur du corps de ballet. Elle avait pourtant dû l'apprendre mais quelque chose, au fond d'elle, avait refusé d'intégrer cette information. Sans doute parce qu'elle était trop difficile à entendre. Comme à l'École de danse, il allait donc falloir gravir les échelons un à un, à la force du poignet, des pointes et… des concours.

4

Le soir venu, lorsque Marie téléphona à sa meilleure amie Tina pour leur conversation rituelle du soir de la rentrée, celle-ci ne manqua pas d'ironiser.

– Un concours ? Pff ! Tu connais par cœur, de toute façon. Tu vas faire ça les doigts dans le nez !

– Disons plutôt en couronne ou en seconde position, ce sera mieux pour mes doigts si tu permets, pouffa Marie.

Mais déjà Tina changeait de sujet.

– Et c'est tout ce que tu as à me raconter ?

Marie raconta le lac, le collier de perles et la salle des costumes vus lors de la visite guidée spéciale du somptueux palais. Elle tenta de décrire la directrice et d'imiter l'accent germanique de l'administrateur général. Elle évoqua les propos méprisants et l'allure hautaine des habituées du corps de ballet. Elle raconta les camarades retrouvées, et notamment la sympathique évolution de Joséphine Tolédo.

Tina attendait impatiemment qu'elle ait terminé de parler pour lui poser les deux questions qui lui brûlaient les lèvres.

– Est-ce qu'Aurore Bessier est toujours avec toi ?

– Eh bien figure-toi que non ! En tout cas je ne l'ai pas vue, répondit joyeusement Marie. Je crois savoir qu'elle a été embauchée au Ballet national de Marseille, ou quelque chose comme ça…

– Alors bon vent ! s'exclama Tina. On va pouvoir arrêter de parler de cette horreur d'Aurore. Après toutes les années qu'elle a passées à t'embêter ! Je suis contente qu'elle ne vienne plus te tourner autour pour voir où elle pourrait te piquer. Te voilà enfin débarrassée d'elle.

– Oui. J'avoue que je suis soulagée de ne plus avoir à la subir.

– Je parie que l'ambiance est tout de suite plus légère… Un coup de mistral, et hop ! Adieu les guêpes et les moustiques !

– Mais il n'a pas écarté tous les insectes, malheureusement, reprit Marie, complice. J'ai déjà senti la présence de quelques punaises très désagréables dans le corps de ballet…

– Bah, fit Tina, si je comprends bien, il y aura toujours des rabat-joie. Ne te laisse pas impressionner. Si tu savais ce que j'entends, moi ! Entre les gens qui montent à cheval et ceux qui pensent mieux savoir le faire que les autres. Heureusement que j'ai mon cheval, Magnifique, pour pouvoir m'évader de temps en temps. Et dis-moi, est-ce que tu vas bientôt danser dans un spectacle ?

– Oui. J'ai appris aujourd'hui que je dois participer au prochain *Coppélia*… Rien à voir avec ce que j'ai pu faire avec Loris Léjart au Bal du xxe siècle. Là, j'aurai des apparitions dans des scènes de village…

– Tu ne seras pas pieds nus et en maillot couleur chair ultra près du corps, c'est ça ? gloussa Tina. Je parie que vous avez choqué quelques spectateurs…

– Ça ne risque pas ! *Coppélia* se passe en Europe centrale. Les costumes seront sans doute rouge et blanc, tutus, pantalons et plastrons brodés, à la manière de là-bas. Les garçons porteront plutôt des bottes et peut-être que nous, les filles, aussi. Je m'en réjouis à l'avance.

– Alors je te souhaite de bien t'amuser, même si j'imagine que ça va être beaucoup de travail.

– Travail, tu as dit ? Tiens, c'est bizarre ! Il me semble que j'ai déjà entendu ce mot-là quelque part, conclut Marie en pouffant de rire.

5

Un bon mois s'était écoulé depuis le premier cours que Marie avait pris en tant que membre du ballet. Elle avait enchaîné les répétitions et, en ce jour d'octobre, la première représentation de *Coppélia* allait enfin avoir lieu. Maïka allait se produire en spectacle ! Certes, elle avait déjà eu l'occasion de connaître le frisson de la scène de l'Opéra lors du grand défilé annuel de l'École de danse, du gala ou des démonstrations. Mais ce soir, elle allait être une ballerine à part entière.

La jeune artiste passa la journée à tenter de calmer son stress. Elle prit un petit déjeuner nourrissant et équilibré, se rendit au premier cours du matin, répéta encore et encore. Puis elle déjeuna avec ses camarades, passa au central costumes afin de vérifier ses tenues avant de répéter une dernière fois. Tout au long de cette journée, elle sentit comme un poids à l'intérieur. Un poids qui rendait le déroulement des heures à la fois interminable et extrêmement court.

– Toi aussi, ça te donne cette impression ? la questionna Joséphine. Alors, ça doit être…

– … le trac, conclut Marie.

En fin d'après-midi, elle retourna chez elle pour manger légèrement, se détendre et prendre une douche. Elle habitait toujours l'immeuble de sa dernière année d'école, mais louait un studio indépendant à un autre étage que ses jeunes collègues petits rats. Elle s'y était aménagé un sanctuaire avec quelques plantes et un mur peint en jaune qui lui rappelait le soleil de la Corse. Quant au reste de la décoration, il se réduisait à son lit, une table et une chaise. « Une chambre de communiante ! », s'était gentiment moquée une camarade. Marie avait cependant pris le temps de réunir dans un album les photos de ceux qui comptaient pour elle : Jacques et Jeanne, ses parents ; Tina, sa confidente de toujours, fièrement campée sur le dos de son cheval, Magnifique. Il y avait également son complice Lancelot, ainsi qu'Émilie et Elsa Golovinoff, ses fidèles amies rencontrées à l'École de danse et qui vivaient maintenant à Moscou… Marie se mit à tourner lentement les pages de l'album, progressivement gagnée par la force sereine et tranquille qui s'en dégageait. Une heure plus tard, lorsque les dernières lueurs du jour s'effacèrent et que les lumières de la ville commencèrent à faire scintiller les rues, elle sut qu'il était temps pour elle de se mettre en route. Elle reprit, en sens inverse, les artères et avenues qui la séparaient du palais Garnier et alla se présenter à l'entrée des artistes de l'Opéra. *Je viens pour la représentation de ce soir…*

Marie se glissa alors dans la peau de Maïka.

Parvenue à l'étage des loges collectives, elle alla s'installer timidement à l'emplacement qui lui avait été attribué et sortit son attirail spécial des soirs de spectacle. Assises devant une longue coiffeuse de bois surmontée de miroirs, les danseuses se préparaient. Elles formaient une longue rangée d'une bonne trentaine de personnes qui aurait pu bruisser de conversations. Pourtant, le silence régnait. Une fois de plus, l'heure semblait bien plus à la concentration qu'à la conversation. Chaque danseuse se concentrait sur sa propre image, s'observant de près dans son miroir, à la clarté des lampes-boules qui encadraient sa place. Certaines se brossaient les cheveux, tirant leurs cheveux en chignon. D'autres préféraient s'occuper d'abord longuement de leur maquillage.

Marie n'était pas encore coiffée. Elle s'était contentée de rassembler ses cheveux en queue-de-cheval et de les retenir sous un bandeau pour bien dégager son visage. Fond de teint en main, elle commença à appliquer le liquide par petites touches sur son front et ses joues, à l'aide d'une petite éponge. La jeune fille qu'elle était commença peu à peu à s'effacer pour laisser place à la physionomie de son personnage.

– Attention, tu en as trop mis ici ! fit alors une voix douce à son côté.

Marie tourna la tête et reconnut la chevelure rousse de sa voisine. C'était bien sûr l'une des quadrilles avec lesquelles elle allait danser le soir même, mais elles n'avaient pratiquement jamais parlé ensemble durant les répétitions. Cette fois, sa partenaire lui souriait et désignait un point sur son visage. Marie se regarda plus en détail.

– Merci, fit-elle après avoir remarqué une petite tache de fond teint plus épais sur sa tempe gauche.

– Il faut bien étirer jusqu'aux oreilles et à la lisière du front, reprit sa camarade. Sinon on donne l'impression de porter un masque.

– Tu as raison, merci, répéta Marie avec reconnaissance avant de corriger son maquillage.

Quelque chose était en train de se passer. Tout à coup, la fébrilité de l'avant-spectacle ne se résumait plus au trac individuel et silencieux de chacune. Une camaraderie insoupçonnée était en train de naître entre les danseuses. Toutes se sentaient animées par les mêmes sentiments ; toutes avaient aussi le même désir de concourir au plus beau spectacle possible.

– Je m'appelle Sylvia, reprit la voisine de Marie.

– Et moi Maïka.

– Je sais… Je voulais te parler depuis longtemps, mais je n'osais pas.

– Moi non plus je n'osais pas… On ne sait pas trop ce qu'on a le droit de dire ou pas quand on est au bas de l'échelle dans la troupe.

– Tu as raison. Je suis quadrille… C'est ma deuxième année, mais tout le monde me fait sentir que je ne compte pas pour grand-chose. Au début, je pensais qu'on allait un peu plus m'aider, mais on ne t'explique rien. Je commence tout juste à savoir qui fait quoi. L'année dernière, j'ai passé le concours pour devenir coryphée, mais je ne l'ai pas eu. Malheureusement, j'étais tombée malade pile ce jour-là. La fièvre. Pas de chance.

– Tu l'auras peut-être cette année ! l'encouragea Marie.

– Je vais réessayer en tout cas. On essaiera ensemble !

Les deux danseuses échangèrent des sourires avant de se concentrer à nouveau sur leur maquillage. Marie s'approcha encore un peu plus du miroir pour appliquer son crayon noir. Elle renforça d'abord la courbe de ses sourcils puis traça un trait épais en forme de banane au bord de sa paupière supérieure. Un peu de noir sur le rebord inférieur de l'œil venait également souligner le regard. Enfin elle termina délicatement par la pause d'une ligne de faux cils afin que le moindre de ses clins d'œil puisse toucher jusqu'au cœur du spectateur le plus éloigné de la scène.

– Zut ! Je n'ai plus de laque, fit soudain une voix un peu plus loin. L'une d'entre vous veut bien m'en passer ?

Aussitôt, trois bras en même temps en tendirent à la danseuse qui en avait demandé. Marie se mit à sourire. « *Enfin on brise la glace,* se dit-elle. *Dire qu'il aura fallu qu'on ait d'abord toutes le trac pour ça !* » À cette heure d'avant-spectacle, l'atmosphère sentait la crème, la laque et le déodorant. Mais un nouvel état d'esprit s'ajoutait aux autres et parfumait les lieux d'une fragrance inédite : la solidarité.

Quelques minutes plus tard, Marie et ses camarades étaient parées. Toutes portaient des tuniques blanches brodées de rouge, ainsi que des jupes longues et bouffantes avec de petits tabliers. Des guirlandes de fleurs et des rubans multicolores enluminaient leurs chignons. Les jeunes ballerines s'étaient transformées en un groupe de paysannes slaves, jolies et joyeuses, prêtes à égayer la scène par leurs prestations de danses traditionnelles. À nouveau saisie par le trac, Marie éprouvait en même temps une merveilleuse excitation !

On frappa à la porte tandis que la voix d'un technicien se faisait entendre : « Attention, entrée des villageoises dans dix minutes ! » Presque aussitôt, les danseuses quittèrent la loge pour se diriger vers la scène. Au fur et à mesure qu'elles avançaient dans les couloirs, en file indienne, le silence devenait plus lourd. Seulement interrompu par les pas de chacune, frottant le sol. Les danseuses rejoignirent bientôt un groupe de garçons. Eux aussi avaient le visage couvert de fond de teint et le regard souligné d'un trait de crayon charbonneux. Ils portaient des costumes de scène assortis à ceux de leurs partenaires : pantalons bouffants à rayures glissés dans des bottes rouges, tuniques blanches à plastrons, gilets brodés de motifs bleus. Ils avaient également sur la tête des toques de fourrure et, sur l'épaule, une cape de velours qu'ils lanceraient bientôt avec superbe loin d'eux. Marie échangea de loin un clin d'œil avec Lancelot. Elle ne se retrouverait pas exactement face à lui lors des mouvements d'ensemble, mais l'idée de partager la scène avec son ami lui réchauffait le cœur.

– Entrée dans trois minutes, indiqua le technicien.

Cette fois, Marie pouvait observer le duo des danseurs principaux du ballet. Elle se souvenait très bien des moments de répétition où elle avait vu l'étoile préparer le ballet. Sa technique très sûre l'avait tout autant fascinée que son sourire énigmatique et son sens dramatique. Elle se souvenait très bien de ce qui se murmurait à son propos : Dominique Khalfou était la seule personne de la compagnie à avoir été nommée étoile sans avoir d'abord été première danseuse. Ce parcours exceptionnel fascinait Marie.

La voix de Sylvia était devenue légèrement tremblante quand elle chuchota près d'elle :

– Ça va être à nous !

– Bonne chance, lança à son tour Joséphine en allant se placer.

– À toi aussi ! répondit Marie.

Puis, tout leur groupe s'avança à la rencontre de celui des garçons, sous la lumière des projecteurs. Quelques secondes plus tard, leur trac s'effaçait pour laisser place au bonheur de danser sur scène. Le temps parut s'arrêter. Maïka s'appliquait, jouait, virevoltait, tout à la joie de la représentation. Car elle le savait au fond d'elle, rien au monde n'était comparable à l'incroyable magie de la scène !

6

Deux années venaient de passer à la vitesse de la lumière, et en ce mois de février, la famille Pietro s'était réunie pour célébrer l'anniversaire de Marie.

– Bon anniversaire… Nos vœux les plus sincères… *Happy birthday to you…*

Woooouh ! Marie dut s'y reprendre à trois fois pour souffler ses dix-huit bougies. Quand la dernière petite flamme fut éteinte, Jacques Pietro embrassa sa fille.

– Tu es officiellement majeure désormais, ma chérie, déclara-t-il.

Jeanne, son épouse, tendit un paquet à Marie. Contrairement aux autres années, où elle offrait à sa fille des jambières, des guêtres ou des cache-cœur destinés aux répétitions, elle lui avait tricoté cette fois une très longue écharpe rayée composée de fils de laine de différentes couleurs.

– Elle représente un peu le temps qui passe, expliqua-t-elle tendrement. À un bout il y a toi, petite, ce sont les fils jaunes. Les rayures suivantes symbolisent tous les défis que tu relèves les uns après les autres, et là les étapes à venir de ta carrière. Tu vois, à l'autre bout, j'ai mis de la laine argentée… Tu imagines ce que j'espère pour toi. Mais si un jour tu atteins le sommet à l'Opéra, et qu'après tu veux encore pousser plus loin, alors j'ajouterai autant de rangs supplémentaires qu'il en faudra. Marie s'imagina aussitôt une écharpe de plusieurs kilomètres. Sa mère était parfaitement capable de mettre cette « menace » à exécution ! Puis son regard s'attarda sur l'extrémité argentée et brillante de l'écharpe. Elle passa les doigts dessus, le regard dans le vague.

– Tu as compris… murmura alors Jeanne Pietro sans en dire plus.

En réaction à ses paroles, Marie alla se blottir contre sa mère. Jacques s'approcha et les entoura de ses bras.

– Ça me fait un bien fou de vous voir, avoua Marie. Sans vous, rien ne serait arrivé… Et maintenant j'ai dix-huit ans. Je n'ai vraiment pas vu le temps passer…

La jeune femme essuya discrètement une larme qui perlait au coin de sa paupière. Elle s'efforçait de maintenir ainsi quelques rendez-vous intimes avec sa famille, mais depuis plusieurs mois, sa vie professionnelle prenait tant de place que les moments privilégiés s'étaient faits rares. À la fin de l'année précédente, Marie avait en effet réussi le concours de coryphée et avait donc changé d'échelon. On la voyait désormais un peu plus dans les ballets.

– Allons, allons ! fit son père en s'écartant. Tu ne vas tout de même pas pleurer le jour de ton anniversaire !

– Je te redonne du gâteau ? demanda Jeanne.

– Une lamelle alors, répondit Marie. Je ne peux pas me permettre d'en manger beaucoup, comme tu sais.

Après ces instants tendres et joyeux, Marie alla faire un tour dans sa chambre de jeune fille. Elle laissa son regard courir sur son décor d'enfance. Sur les murs, les affiches représentant ses idoles restaient les mêmes : Maya Plisetskaya, Margot Fonteyn, Noëlla Ponce, Yvette Chauvry, Claude Bessier à l'époque de sa gloire et, dans un coin, une affiche représentant une période plus ancienne encore : les petites danseuses du peintre Edgar Degas. Sur la cheminée, une minuscule poupée en équilibre sur une pointe qui se mettrait à tourner si l'on remontait sa mécanique. Enfin, on pouvait voir aussi les affiches de ses films fétiches, *Dansons sous la pluie* et *West Side Story*. Ne voulant pas se laisser atteindre par la nostalgie, elle se secoua. La fin du week-end approchait ; il était temps qu'elle rassemble ses affaires pour retourner dans son appartement.

– Tina au téléphone ! fit la voix de sa mère à travers la porte.

Marie bondit vers l'entrée et s'empara du combiné.

– Dis donc, j'ai regardé le mot coryphée dans le dictionnaire, lança Tina sans même la saluer.

– Moi ici je te dis bonjour, ironisa Marie. Le truc bien avec toi, c'est que j'ai toujours l'impression de continuer la même conversation.

– Évidemment, s'esclaffa Tina. Pourquoi on s'arrêterait ? Ah, au fait, joyeux anniversaire ! J'imagine qu'il gèle à Paris. Quelle idée de naître en février ! Au moins quand on fêtera mes dix-huit ans, cet été, tu pourras te pointer en maillot de bain à Bonifacio. Bon, alors je reprends : coryphée, à l'origine, ça veut dire chef de chœur. Jusqu'ici, je pensais que tu dansais. Tu vas te mettre à chanter, maintenant ? Préviens-moi si j'ai raté un épisode.

– Je suppose que c'est ta manière de me féliciter ? rétorqua Marie en riant. Il était temps. J'ai changé de grade depuis plus de huit mois !

– J'avoue que je n'ai pas été très rapide, fit Tina. Mais de toute façon, les concours, tu les réussis tous, alors je m'y perds un peu. Ton anniversaire est plus facile à retenir. Je suis sûre que ton père a dit : « Bravo ma chérie » et que ta mère a pleuré de bonheur tout en se plaignant que son « petit poussin » avait déjà dix-huit ans. Pas vrai ?

Marie éclata de rire.

– Ha ! Ha ! Ha ! Tu les connais vraiment par cœur. Tu as tout compris ! Mais pour revenir aux coryphées, sache que, en danse, ils ont des rôles muets. Alors on ne m'entendra pas chanter. En revanche, on commence à me voir un peu plus sous les projecteurs. J'espère avoir un rôle de soliste bientôt.

– Ouf ! Tu me soulages ! pouffa Tina au bout du fil. Parce que si je me souviens bien, quand tu te mets à chanter, surtout *Singing in the Rain*, généralement le ciel tourne au gris.

Marie fit semblant de se vexer.

– Eh ben dis donc, je te remercie ! On ne m'avait pas fait un joli compliment comme celui-là depuis longtemps.

– Normal. Tu as choisi un métier où on n'en fait jamais. Les spectateurs sont les seuls à savoir vraiment complimenter, non ? Grâce aux applaudissements. Allez va, tu sais bien que je suis toujours à ton côté et toujours fière de toi. Je te vois déjà en train de grimper, à la force du poignet, jusqu'aux étoiles. Tiens, je t'envoie une corde pour y arriver plus vite !

Marie réagit aussitôt.

– Tais-toi, malheureuse ! Tu viens de dire un mot qu'on n'a pas le droit de prononcer à l'opéra.

– Ah bon ? Lequel ?

– Je ne le répéterai pas, mais disons qu'on préfère les synonymes comme câble ou fil… Ce sont des superstitions qu'on a dans la profession. Autrefois, les machinistes étaient des marins qui venaient travailler quand ils n'étaient pas en mer. Ce sont eux qui hissaient les grandes toiles des décors, à la force de leurs bras et avec des… Hum ! Hum !

Tina se remit à rire.

– Tu veux dire des cor… Je ne le prononcerai pas, rassure-toi. Et si je comprends bien, ils ne hissaient pas des toiles, plutôt des voiles, non ? Je tâcherai de venir voir le vent souffler sur la scène à Paris un de ces jours.

– Tu ne crois pas si bien dire, répondit Marie. Cette année, Rosa Highertower, la nouvelle directrice de la danse, a programmé *La Belle au bois dormant*. Pour sa création, elle va déplacer toute la troupe au Palais des congrès. On quitte la place de l'Opéra pour la porte Maillot ! Je pense que le prince aura toute la place pour arriver à cheval au galop. Prépare Magnifique. Il va peut-être pouvoir participer à un ballet. Ça le changera du petit trot et des courses d'obstacles ! Crois-moi, ça va déménager.

– Oh oui, génial ! Je selle mon fier destrier…

– Oui, ô toi, la reine des cavalières, souveraine du royaume de la Galopade échevelée…

– … Et j'arrive ! reprit Tina, morte de rire. Je le vois déjà en train de se cabrer sous la lune, entre deux éclairs d'orage, à l'assaut du château où il doit réveiller sa belle… Je porterai un masque pour jouer le prince moi-même. Même s'il pleut des cor… Heu… hum ! hum ! Je n'ai rien dit ! Mais explique-moi tout de même quelque chose : c'est bizarre d'aller jouer en dehors de l'Opéra, non ?

– Madame Highertower voulait une scène encore plus grande que celle que nous avons. Et elle veut aussi montrer au public que la danse classique peut aller à la rencontre de tout le monde, pas uniquement de ceux qui osent franchir le seuil du palais Garnier. Tu sais, moi je trouve ça très bien, ajouta Marie. Après tout, la danse classique fait partie de notre patrimoine, elle appartient à tout le monde.

– Eh ben écoutez-moi celle-là ! Tu en as des grandes idées, commenta Tina. En tout cas tu peux compter sur moi : théâtre à l'italienne ou scène moderne, j'arrive, sur mon beau destrier !

– Oh, attends encore quelques années. Pour l'instant, j'ai beau être coryphée, on ne me distingue toujours pas beaucoup de la troupe. Je pense que tu aurais du mal à me reconnaître dans les mouvements d'ensemble. Je fais partie de l'armée des ombres, D'ailleurs, c'est ce qui est beau : le corps de ballet forme un ensemble, un peu comme un décor humain qui serait dansé. Les vraies étoiles sont devant. Pour cette création, ce sont Élise Clatel et Patrick Dubond. Ils sont merveilleux dans les rôles de la princesse Aurore et du prince. J'aime faire partie de ceux qui leur servent d'écrin. Et j'espère aussi qu'un jour viendra où…

Elle s'interrompit et Tina compléta à sa place :

– … qu'un jour viendra où tu danseras ces rôles-là, toi aussi… J'en suis sûre tu sais ! D'ailleurs tu m'as dit qu'au départ, la chorégraphie était de Marius Petipa, non ?

– Oui, pourquoi ?

– Eh bien, c'est un signe ; il portait bien son nom, cet homme-là : Petipas comme petit à petit… et pas à pas. Aie confiance, Marie… Heu, je veux dire Maïka. Quand la nuit vient, le ciel finit par s'éclairer de milliers d'étoiles…

7

Pour Marie, les mois passèrent une nouvelle fois comme un mirage. Au tournant de l'été de sa troisième année d'artiste professionnelle, la jeune ballerine passa un nouveau concours interne. Le succès, encore une fois, fut au rendez-vous.

– Papa et maman, j'ai dix-neuf ans et j'ai la joie, l'honneur, le plaisir de vous apprendre que je suis désormais « sujet », annonça-t-elle avec fierté à ses parents. C'est le troisième échelon du corps de ballet.

En réaction à cette nouvelle, Jeanne Pietro, très émue, commença par fondre en larmes.

–Je ne sais plus quels mots trouver pour te féliciter, réussit-elle finalement à dire. Chaque année, tu nous combles. Quel bonheur ! Un échelon de plus. Que te restera-t-il à gravir encore ?

– Oh je peux encore grimper si je travaille beaucoup et que j'ai de la chance, répondit Marie. Il y a aussi le grade de « première danseuse ». Je n'y suis pas encore, comme tu l'imagines. C'est une position très convoitée et difficile à obtenir. Puis après…

Par superstition, elle préféra éviter de prononcer le terme ultime.

– Chut ! Tu as raison, dit Jeanne Pietro en mettant un index sur sa bouche. Il ne faut provoquer ni le diable ni les dieux.

Le père de Marie la félicita lui aussi à sa façon.

– Si j'ai bien compris, dit-il à sa fille, tu as décidé d'appliquer à la lettre la citation de Napoléon que je t'avais apprise : « Quand on veut fortement, constamment, on réussit toujours. »

– Disons plutôt que si on veut progresser dans la danse classique, on n'a pas le choix, lui répondit Marie. Mais le vrai secret, pour le concours, c'est que c'est le seul moment de l'année où j'ai une chance de me faire vraiment voir, tu comprends ?

– Non, pas très bien, j'avoue…

– Eh bien, c'est différent du rôle de coryphée, où je travaille plutôt les mouvements d'ensemble et où j'appartiens à un groupe. Le concours au contraire me donne l'occasion de montrer ce dont je suis capable toute seule. Bien sûr, je dois prouver que j'ai de la technique, mais je peux aussi faire sentir ma musicalité, mon sens dramatique… mon style, en somme. Alors, malgré le trac, j'ai très envie de le passer, ce concours. Et tu vois, ça me réussit ! J'ai eu de la chance.

– Ce n'est pas que de la chance… souligna sa mère.

Au téléphone, la réaction de Tina ne se fit pas attendre et, comme souvent, elle fut teintée d'humour et assez théâtrale.

– Ma Marie… Je veux dire, heu… ma Maïka, commença-t-elle, jusqu'à présent, tu connaissais les applaudissements, les cris de contentement et les youyous, n'est-ce pas ? Eh bien aujourd'hui, je propose une nouvelle version de l'enthousiasme ; écoute bien.

Marie entendit alors distinctement un cheval hennir au bout du fil.

– Tadaaaaaa ! s'écria Tina. Magnifique et moi te félicitons ! Nous aussi on sait faire du spectacle, qu'est-ce que tu crois !

Marie éclata de rire.

– Comment as-tu réussi à le faire hennir juste quand tu le voulais ?

– Eh bien une cavalière doit aussi savoir être un peu dompteuse, voyons !

– Il n'y a personne au monde comme toi, ma Tina !

– Et il n'y a personne pour réussir les concours comme tu le fais : non pas les doigts dans le nez, mais les sabots dans les naseaux !

– Merci, merci, et encore merci ! termina Marie, dans un nouvel éclat de rire.

Malgré la brièveté de la conversation, Marie se sentait heureuse et pleine d'élan, comme regonflée par les bonnes ondes que lui envoyait toujours son amie. Toutes les deux avaient réussi une fois de plus à se prouver leur affection, malgré l'éloignement et les rares occasions qu'elles avaient de se voir. Et pour Marie, ce lien revêtait une importance essentielle.

Début novembre, après des mois de travail acharné sans véritable pause, Marie se sentait épuisée. Elle avait passé son temps à répéter des spectacles et à jouer dans d'autres, parfois deux le même jour. Un véritable marathon. Aussi, ce fut encore vers sa meilleure amie qu'elle se tourna pour se redonner de l'ardeur.

– Je suis heureuse ! déclara-t-elle pourtant à Tina. Fatiguée aussi un peu.

Cette dernière se mit à rire et lui demanda aussitôt des précisions.

– À t'entendre, tu m'as plutôt l'air complètement crevée. Alors dis-moi la vérité ; en fin de compte, tu te sens épuisée ou heureuse ?

– Les deux. Merveilleusement, délicieusement, fantastiquement épuisée. Le bonheur, quoi !

La jeune ballerine était apparue dans toutes les créations programmées de la saison. Cette fois, elle se sentait tout particulièrement honorée d'avoir un rôle dans *La Sylphide* aux côtés d'Élise Clatel, de Guilène Theymar, Michel Demard, Jean-Pierre Frechetti… Elle devait se préparer à remplacer Françoise Degré dans le rôle d'Effie. Son ami Lancelot, qui avait progressé au même rythme qu'elle, dansait de son côté le pas de deux des Écossais.

Marie avait également dansé dans *Le Songe d'une nuit d'été*. Elle avait, à cette occasion, pu voir travailler un chorégraphe américain de renom installé en Allemagne : John Neumann. Il était arrivé de Hambourg pour créer ce ballet avec la compagnie parisienne. Tout le monde avait été impressionné par la manière qu'il avait de raconter des histoires dansées, comme si le spectateur se trouvait devant un film de cinéma. « La curiosité, c'est très important, vous verrez », avait recommandé naguère Claude Bessier à Marie. Et celle-ci était servie.

Sa carrière évolua encore lorsqu'elle apprit que Rosa Highertower prévoyait de la faire participer au spectacle de fin d'année. Tout excitée, elle tint à en informer Tina.

– Je suis distribuée dans *Casse-Noisette* ! s'écria-t-elle dès que son amie eut décroché.

– Tu es… quoi ?

– Je suis distribuée… Ça veut dire choisie pour être dans la distribution ! Je vais jouer la reine des neiges à Noël ! s'égosillait Marie. Tu te rends compte ? Dans *Casse-Noisette*, Clara voyage à travers le royaume des Neiges, où elle rencontre l'élégante reine des Neiges. Le premier acte du spectacle se termine ainsi. C'est un moment magique.

Avec son habituel sens de la répartie, Tina répondit, du tac au tac :

– La reine des Neiges en décembre… Au moins, ce sera de saison ! Et qu'est-ce qu'il y a de nouveau pour toi ?

– Eh bien mon nom va apparaître sur les programmes donnés aux spectateurs, expliqua Marie. Aux côtés de ceux de Françoise Degré, de Monique Doudière, de Michel Demard, de Jean Guizery, entre autres…

– Guizery… Ah tiens ! Son nom me dit quelque chose, à celui-là…

– Je t'en parle depuis ma première année d'École de danse ! soupira Marie. Non mais tu te rends compte !!!

– Quoi ? Ben oui, je me rends compte qu'on ne te verra pas à Noël. Voilà ce que je comprends. *Casse-Noisette*, oui… Je dirais plutôt casse-pieds ou casse-bonbons…

Comme un silence affligé suivait sa réaction, elle dut s'expliquer plus clairement.

– Hé ! Marie ! C'était une plaisanterie, bien sûr. En réalité, je me réjouis, hein ? N'oublie pas : je suis ta tête et tu es mes jambes, alors je fais en sorte que la tête ne te tourne pas trop…

Un autre petit silence suivit sa déclaration. Tina se mordit les lèvres. En avait-elle trop fait ? Soudain un éclat de rire se fit entendre à l'autre bout du fil.

– Avoue, je t'ai bien eue, non ? Ha ! Ha ! Ha ! Ha ! fit Marie. Mais rassure-toi, je t'appelle tout le temps pour te raconter ce qui m'arrive, mais c'est aussi parce qu'il n'y a personne comme toi pour m'aider à garder les pieds sur terre…

– Ouf ! Tu m'as fait peur, conclut Tina. Dommage pour la famille et les amis en Corse, à Noël, mais super pour les spectateurs qui iront à l'Opéra. Et pour tout te dire, je sais déjà que la programmation prévoit ensuite des ballets contemporains signés de chorégraphes américains comme… voyons que je me rappelle… Glen Teley, Andrew Deboat, Alwin Bailey et George Valanchine. Est-ce que je me trompe ?

– Non, pas du tout ! Mais comment sais-tu tout ça ?

– Parce que je me renseigne, ma chère. Qu'est-ce que tu crois ? C'est que je tiens à conserver mon titre de présidente de ton fan club, malgré les centaines de fans qui vont vouloir s'y inscrire… Ou alors, est-ce que je devrais plutôt devenir manager, pour t'aider à organiser ton planning au milieu de toutes les interviews que tu donneras ? Ha ! Ha ! Et en tout cas bravoooo !

– Merci de ton soutien, lança Marie en rougissant de plaisir. Des fans, j'en aurai peut-être un jour, mais pour l'instant, ce sont les stars qui en ont. D'ailleurs on dit que l'Opéra va en embaucher une d'un niveau incroyable. Devine… Il s'appelle Rudy…

Clic ! Elle ne s'était pas aperçue qu'elle parlait dans le vide. Tina avait déjà raccroché.

Cette fin d'année se révéla somptueuse pour Marie. Peu lui importait d'avoir à danser la veille ou le soir de Noël, au contraire. Elle se réjouissait de voir les deux mille places de la grande salle se remplir soir après soir. Elle avait d'ailleurs pris pour habitude d'aller jeter un coup d'œil par une fente du rideau, depuis les coulisses, et de se laisser griser par la rumeur grandissante de la salle. Le soir du réveillon, ses parents vinrent la voir danser la reine des Neiges. Marie avait pu leur obtenir des places d'orchestre, dans les premiers rangs. Bien sûr, elle ne pouvait s'attarder à les regarder pendant qu'elle était en train de danser, mais leur présence lui procura un immense bonheur.

Après le spectacle, ils la rejoignirent dans les coulisses. Jeanne était en larmes.

– Quelle merveille ! Mon Dieu mais quelle merveille ! ne cessait-elle de répéter.

Quant à Jacques, désireux de cacher autant que possible son émotion, il faisait semblant de toussoter pour se dégager la gorge.

– Eh bien, je ne pensais pas vous faire un tel effet ! plaisanta Marie pour détendre l'atmosphère.

– Ce sont des larmes de joie, répondit sa mère. Je ne peux pas m'en empêcher… Tout ce chemin accompli encore !

– Tu vas pouvoir ajouter quelques rangs à mon écharpe, plaisanta Marie en la prenant dans ses bras.

– Oui. Et je vais commencer un cahier avec des photos de toi en train de danser et des programmes où ton nom apparaîtra, comme ce soir.

– Attention, tu risques de concurrencer Tina ! répondit Marie, amusée. Elle a déjà décidé de prendre la direction de mon futur fan-club. Joyeux Noël, mes parents chéris !

8

Lorsque débuta le mois de janvier suivant, le palais Garnier se mit à bruisser de rumeurs. Partout, dans les coins et recoins du bâtiment, les langues allaient bon train. « Madame Verzy va quitter la direction de la danse ! », murmurait-on. Et l'on n'en finissait pas d'évoquer l'arrivée imminente du grand danseur Rudy Nourieff. Plusieurs mois passèrent ainsi, durant lesquels la compagnie poursuivit son travail et présenta le programme prévu pour la saison.

– Cette fois, il est dans la maison, c'est officiel ! annonça un jour Leïla, tout excitée.

Elle venait de rejoindre Marie et d'autres camarades à la cafétéria.

– Ouais, c'est ça, ironisa Cécile. Tout le monde en parle depuis le début de l'année, mais depuis le temps, on est en septembre et il n'est toujours pas là !

– Je te jure que si, reprit Leïla. Je suis venue pour le cours de dix heures trente et je l'ai vu sortir d'un taxi devant l'Opéra. Il avait un long manteau noir en fourrure, une chapka et des bottes assorties. Je l'ai trouvé très chic. On aurait dit qu'il descendait d'une troïka.

– Vous croyez qu'il va venir en cours avec nous, comme tout le monde ? s'inquiéta Joséphine.

– Pas sûr, reprit Cécile. Je crois qu'il arrive de l'autre bout de la Terre : il était programmé en spectacle hier à Sydney, en Australie. Il doit être crevé !

– Tant mieux alors, il va avoir envie de dormir. Il faut au moins vingt-quatre heures de voyage pour venir de là-bas. Il doit être épuisé. Ça m'arrange. Moi je n'oserais jamais me mettre à côté de lui. J'aurais trop peur de perdre mes moyens !

– Tu exagères, se moqua gentiment Leïla. Tu ne vas tout de même pas avoir le trac pendant les cours. Après tout, des danseurs connus, on en a déjà vu. Qu'est-ce qu'il a de plus que les autres ?

Quatre paires d'yeux stupéfaits se tournèrent aussitôt vers elle.

– Tu ne te rends pas compte ! s'exclama Cécile. Tu n'es pas au courant ou quoi ? Ce n'est pas juste un danseur connu, c'est le plus connu du monde !

– Oui, répliqua Leïla, parce qu'il a demandé l'asile politique pendant une tournée en Europe pour ne plus jamais retourner dans son pays…

– Non, pas pour ça, rectifia Marie, mais parce qu'il est ex-cep-tion-nel ! Un maître. Et je pèse mes mots, crois-moi. Il a été formé à la technique russe de l'école de danse du Kirov, à Saint-Pétersbourg. Il peut se lancer dans des grands jetés déments et juste après, tenir des équilibres incroyables. Il est capable de faire des dizaines de tours à la suite, sans s'arrêter. Et ses sauts ! Ses sauts ! Ils ont une hauteur jamais vue. On dirait qu'il s'envole…

– Heu… tu n'exagères pas un peu ?

– Bien sûr que non. Je l'ai vu à la télé. Je t'assure que même les gens qui ne connaissent rien à la danse en sont éblouis. Je ne comprends même pas comment tu fais pour ne pas être au courant. C'est bien simple, les journalistes le surnomment « le seigneur de la danse ». Moi, je meurs d'impatience de le voir danser en vrai, juste en face de moi.

– Alors si je comprends bien, c'est plutôt lui qui donnera une leçon à tout le monde s'il vient au cours du matin. En même temps, je doute qu'il y aille : il ne doit plus avoir grand-chose à apprendre…

Cécile intervint :

– Leïla, arrête d'ironiser. Maïka a raison. Rudy Nourieff est un danseur d'exception. Moi, ce qui m'étonne surtout, c'est qu'il commence à se faire vieux. Il doit avoir quarante-quatre ou quarante-cinq ans… Ici, à l'Opéra, la retraite est fixée à quarante-deux…

– Vieux ? s'indigna Marie. Il n'a rien d'un grand-père, je vous assure ! Et il danse encore brillamment sur scène.

Leïla se mit à ricaner.

– Ben oui, mais par rapport à nous, c'est super vieux ! Je lui ai trouvé belle allure, mais il avait peut-être des cheveux blancs. Je n'ai pas eu le temps de voir sous sa chapka.

– Moi, je me demande dans quel état on sera quand on aura cet âge-là, dit Joséphine. Quand on adore la danse, j'imagine qu'on n'a pas très envie d'arrêter.

– Ne t'en fais pas, on a encore pas mal d'années de danse devant nous, la rassura Marie. Mais moi, je le comprends : quand on est Rudy Nourieff, le danseur le plus fabuleux du monde, on n'arrête jamais de danser. Moi aussi je me vois danser aussi longtemps que je voudrai. Ce n'est pas une question d'âge, plutôt une question d'envie.

– Il faut toujours que tu nous impressionnes… murmura Joséphine. On dirait que tu as un plan secret en tête, pour le futur.

– En tout cas, reprit Cécile, je ne pense pas qu'il soit seulement embauché comme danseur. On m'a raconté qu'il allait prendre la succession de Violette Verzy à la direction de la danse.

– Oui, j'ai entendu dire ça, moi aussi, renchérit Joséphine. Il paraît qu'il va remonter des chorégraphies.

– Génial ! fit Marie. Un vrai maître. D'ailleurs on devrait l'appeler comme ça.

Leïla leva les yeux au ciel.

– Je vous parie qu'on va d'abord avoir droit à un long discours et des salamalecs…

– Et il paraît qu'il ne parle que russe et un peu anglais… Rarement français… Comment on va faire pour le comprendre ? s'interrogea Joséphine. On m'a raconté aussi qu'il pique parfois des colères terribles.

– Au moins on saura tout de suite s'il est content ou mécontent de ce qu'on fait, renchérit Leïla.

Marie, elle, ressentait plus d'admiration que de crainte pour le futur danseur chorégraphe.

– Je suis impatiente de voir ça, conclut-elle en se levant. Génial comme il est, Rudy Nourieff pourrait bien révolutionner le palais

Garnier. En tout cas, je ne sais pas pour vous, mais moi j'ai hâte de faire sa connaissance. Travailler avec lui doit être super intéressant.

Leïla saisit son plateau et se leva à son tour.

– Ne rêve pas trop. Il ne risque pas de s'intéresser aux petits grades de la compagnie dans notre genre. Mais on finira bien par le rencontrer, cet ours de Sibérie !

Leïla ne croyait pas si bien dire. Une heure plus tard, lorsque les jeunes ballerines rejoignirent leur salle de travail, quelle ne fut leur surprise de découvrir une foule de danseurs muets et subjugués. Les quadrilles, coryphées et sujets du corps de ballet étaient tous venus admirer « le maître » Nourieff. Ce dernier était vêtu d'un collant de laine gris, ainsi que d'un sweat-shirt d'une teinte un peu plus foncée. Cette tenue sans grand charme était complétée par un béret de cuir crânement posé en biais sur sa tête. Quelque chose d'indéfinissable dans la posture du danseur et dans son port de tête aimantait les regards. *Quelle allure !*

pensa aussitôt Marie, fascinée. Elle ne pouvait s'empêcher de l'observer à la dérobée, des pieds à la tête. Elle termina par son cou long et musclé, son visage aux lèvres charnues, son nez fin et pointu, et enfin son regard perçant sous une ligne de sourcils fournis. Quelques secondes avaient suffi pour qu'elle aussi, comme ses camarades, soit conquise par le danseur. Soudain elle s'immobilisa. N'était-il pas en train de la regarder ? Sentant son cœur palpiter, elle baissa prudemment les yeux.

« *Pourquoi a-t-il décidé de venir nous voir nous, les moins gradés de la compagnie, au lieu d'aller voir travailler les étoiles ou les premiers danseurs ?* » s'interrogeait-t-elle.

C'est alors que le danseur prononça quelques mots en russe.

– Monsieur Nourieff vous salue tous et se dit honoré de diriger bientôt des danseurs d'une aussi grande qualité, traduisit son assistante.

Il y eut des échanges de regards. La rumeur était donc confirmée : Rudy Nourieff prenait bien la suite de Violette Verzy à la direction de la danse.

L'assistante continua :

– Il tenait à vous rencontrer les premiers, plutôt que les étoiles, pour que vous compreniez son intérêt pour l'ensemble du corps de ballet. Au sein du répertoire chorégraphique, à l'avenir, il souhaite redonner de l'importance aux passages où les étoiles n'interviennent pas. Les variations des danseurs et danseuses étoiles sont attendues, et elles se doivent d'être fabuleuses, mais à ses yeux elles sont là pour ponctuer de lumière l'autre élément fort qu'est le corps de ballet.

– *Da... Da...* approuva Rudy Nourieff.

Il ajouta encore quelques mots en russe que l'assistante s'empressa de traduire.

– À présent, monsieur Nourieff vous prie de fermer les yeux. Il vous demande de vous souvenir du jour où vous avez vu pour la première fois un ballet qui vous a touchés...

Danseuses et danseurs présents dans le studio fermèrent tous docilement les yeux.

– … Sans doute est-ce le moment où vous avez senti que vous vouliez danser, à votre tour. Il dit que cette émotion-là est essentielle. Il veut que vous travailliez toujours dans l'idée de reproduire, auprès du public, ce premier émerveillement.

Presque aussitôt, Marie se remémora le feuilleton télévisé favori de son enfance. Dans *L'Âge heureux*, les héroïnes passaient beaucoup de temps à jouer et à discuter sur les toits de l'Opéra, mais ces moments prenaient fin lorsqu'elles se retrouvaient sur scène. Elles se transformaient alors en jeunes danseuses vibrantes d'émotion. Marie se laissait à chaque fois fasciner par la métamorphose de ces enfants devenant soudainement des artistes à l'approche des spectacles. Lorsque le rideau s'ouvrait et que les petits rats apparaissaient sur scène, elle éprouvait une palpitation particulière… Son désir de devenir membre, à son tour, de la grande famille de la danse venait sans doute de là.

Quelques secondes passèrent.

– *Da*... *Da*… approuva le maître.

– Monsieur Nourieff vous invite à rouvrir les yeux et à élargir le cercle autour de lui, dit l'assistante.

Tout le monde s'écarta respectueusement. Se débarrassant alors de son jogging, le maître apparut en collant noir et débardeur blanc. Debout en cinquième position, il plaça sa main gauche sur sa taille tandis qu'il élevait le bras droit au-dessus de sa tête, d'un geste flamboyant. Il n'y avait rien de difficile dans son mouvement, mais son regard haut, les yeux au loin, lui donnait de la superbe. En un quart de seconde à peine, le danseur avait réussi à se retrouver comme au centre d'une arène invisible, prêt à se mesure à un ennemi imaginaire. Puis il changea de position. Il dégagea sa jambe droite et ouvrit les bras à la seconde, plia en quatrième et se lança, d'une seule impulsion, dans une série de tours fouettés d'une rapidité époustouflante. Un… deux… trois… quatre… cinq… dix… onze… treize ! Lorsque le danseur s'interrompit, Marie n'était pas très sûre d'avoir tout compté. Il termina en fente, la jambe de terre pliée, l'autre tendue à l'arrière et les bras ouverts, dans un geste de triomphe. Pendant ce temps, une vibration particulière avait atteint les danseurs, comme une flamme. L'émotion était là, presque palpable, née de la maîtrise du mouvement par Rudy Nourieff, mais aussi de cette autre chose indéfinissable qu'il possédait et dont Marie cherchait le nom. Don ? Talent supérieur ? Charisme ? Génie ?

– Une lumière… s'extasia une voix de garçon derrière elle.

En découvrant Lancelot, Marie acquiesça d'un air entendu. L'un et l'autre comprenaient que la démonstration du maître dépassait largement son éblouissante technique. Il était allé puiser au fond de lui-même une partie de cette vibration qui touchait si profondément le public. En quelques secondes, il avait trouvé comment atteindre directement l'âme de chacun. Marie en était époustouflée.

L'assistante laissa passer quelques secondes avant de poursuivre :

– Et maintenant, monsieur Nourieff vous laisse à vos répétitions. Il reviendra vous observer et vous corriger si le besoin s'en fait sentir. Il aimerait également constituer une équipe pour sa première reprise de ballet…

Sur ces paroles, elle suivit le maître vers la sortie tandis que tout le monde applaudissait sur leur passage. Les yeux brillants, Marie se tourna vers Lancelot.

– C'était incroyable. Vraiment magique, non ?

– Magique, oui, c'est le mot. Et même plus que ça encore ! répondit-il sur le même ton exalté. Bon, je te laisse, ajouta-t-il avec regret. Je dois aller revoir une variation… Heureusement que le spectacle n'a pas lieu tout de suite car je n'arrive pas à me la mettre dans la tête.

– Normal, c'est dans tes jambes qu'elle doit entrer ! plaisanta Marie. Ça se passe bien, tes répétitions ?

– Pas mal. Je suis distribué sur des ballets de Balanchine, dans un mois et demi. Entre-temps je suis les cours et les répétitions, mais ce qui m'intéresserait vraiment, c'est… un groupe de travail un peu secret… Autour d'une chorégraphe américaine. Je crois que je vais aller sonner à leur porte, voir si je ne pourrais pas m'infiltrer là quelque temps. Et toi, ça va ? Tu travailles sur quoi ?

– Moi, *La Sylphide*. On répète un passage du corps de ballet où on doit toutes entrer en ligne, à la fois côté cour et côté jardin. Ce n'est pas très compliqué au début : des piqués, des sissones des petits battus assemblés… Pourtant, je ne sais pas pourquoi, on n'arrive pas à faire ça correctement en ce moment. Il y en a toujours une pour ne pas partir sur la musique ou pour se tromper de direction ou de mouvement de tête.

– Problèmes de réglage ! répondit Lancelot. Même les voitures de luxe en ont parfois besoin… Les répétitions ne servent pas à rien.

Il fut surpris de voir qu'au lieu de rire de sa plaisanterie, Marie soupirait. Il la dévisagea.

– Dis donc, tu me caches quelque chose ou quoi ? Ça ne va pas ?

– Non… Enfin oui… Enfin, disons… balbutia Marie.

– Enfin quoi à la fin ? insista Lancelot.

– Rien ! mentit Marie. *La Sylphide* est le plus joli ballet romantique que l'on puisse trouver : léger, plein de belles images... Et puis sans sa première interprète, Marie Taglioni, nous n'aurions pas les pointes d'aujourd'hui. Elle a été la première à s'en servir, en 1832 je crois. Un vrai triomphe...

– ... Oh tu n'as pas besoin de me débiter tes leçons, réagit Lancelot. En gros, tu m'expliques que c'est un très beau ballet, mais que tu t'ennuies un peu.

– Tu as deviné, reconnut-elle dans un murmure.

Comment pouvait-elle ne pas s'émerveiller devant un ballet qui, depuis le XIXe siècle, éblouissait le monde entier ? Une chose pareille n'était pas avouable. Heureusement, Lancelot savait se montrer compréhensif.

– Eh bien, tu sais quoi ? Tu devrais dire à monsieur Nourieff que tu t'ennuies un peu. Mais oui, carrément, je t'assure. Après tout, il vient d'arriver. Quoi de mieux ? C'est le moment idéal.

– Mais non enfin, tu es fou ! réagit Marie. J'aurais l'air de faire la difficile…

Pendant qu'ils parlaient, le studio s'était vidé de ses danseurs superflus. Plusieurs danseuses commençaient à s'échauffer en attendant l'arrivée de la répétitrice. Voyant qu'il demeurait le seul garçon présent, Lancelot battit en retraite.

– Eh bien je crois qu'il vaut mieux que je m'en aille, dit-il. Cependant, j'insiste : va parler à Nourieff dès que tu en auras l'occasion. Ou bien danse devant lui, ce sera encore mieux. Montre-lui de quoi tu es capable. Je ne sais pas pourquoi, je me dis qu'il saura se montrer à l'écoute. Il veut qu'on soit passionnés, alors autant l'être en dansant des œuvres qui nous plaisent. Ce n'est pas pour faire les difficiles, seulement pour donner le meilleur de nous-mêmes. Qu'en penses-tu ?

9

Marie n'aurait jamais osé aller solliciter le chorégraphe. Pour elle, on ne pouvait déranger le maître sans raison. Cependant, sa chance de croiser le directeur de la danse se représenta rapidement. Rudy Nourieff reparut dans la salle une heure environ après le début de la séance de répétition, et il prit place sur un tabouret, au côté de la répétitrice.

Alors qu'il avait largement souri lors de la rencontre précédente, il maintenait cette fois ses lèvres pincées tout en parcourant la salle d'un œil sévère. Certaines danseuses brusquement troublées par sa présence se mirent à trembler sans le vouloir. Marie, elle, parvint à se maîtriser, mais elle sentait ses battements cardiaques accélérer. Soudain, elle s'aperçut que le regard de Rudy Nourieff venait précisément de se fixer sur elle. Aussitôt, un millier de questions l'assaillirent : « *Qu'est-ce que j'ai fait ? Pointes tendues... C'est bon. La jambe haute dans l'attitude... Alors quoi ? La coordination avec les autres ? La musicalité ? J'ai toujours eu le sens du rythme. Je démarre bien quand il faut démarrer, pas avant et pas après. Alors qu'est-ce qui ne va pas ?* »

Le maître se pencha vers la répétitrice et lui dit quelques mots à l'oreille avant de désigner deux danseuses du doigt.

– Bien ! Sylvia Guillot et Maïka Pietro, vous arrêtez tout de suite, fit alors la répétitrice. Monsieur Nourieff ne veut plus de vous ici.

Totalement décontenancée, Marie se sentit pâlir. Pour elle qui avait espéré faire bonne impression, la formulation avait de quoi faire peur…

– Suivez-le ! termina l'assistante.

Au côté de sa camarade, Marie suivit le chorégraphe danseur, toujours silencieux, dans les couloirs. Il ne desserrait pas les lèvres, comme habité par une colère froide qui empêchait toute communication. Finalement, il poussa la porte d'une autre salle de travail. Là se trouvaient réunis une trentaine de danseurs et danseuses, ainsi qu'un pianiste, une répétitrice et l'assistante de russe.

– Monsieur Nourieff vous a choisis en vous observant au travail aujourd'hui, déclara cette dernière. Vous pouvez être fiers d'appartenir à cette première sélection, qui signifie qu'à ses yeux vous êtes des danseurs intéressants. Monsieur Nourieff a pour objectif de remettre au goût du jour un ballet du répertoire intitulé *Raymonda*. Il veut vous voir danser certains passages de la chorégraphie. Vous allez travailler directement avec lui, puis il choisira encore, parmi vous, ceux qui feront définitivement partie de la distribution du ballet.

– *Da... Da...* approuva le maître.

Marie n'en croyait pas ses oreilles. En une seconde, elle venait de passer de l'accablement à l'espoir. Non seulement elle n'avait pas été écartée comme elle le craignait, mais Rudy Nourieff en personne était en train de lui offrir un cadeau imprévu et magnifique : travailler avec lui à la création d'un nouveau ballet. Du moins l'espérait-elle de toutes ses forces. Cette audition en plusieurs coups avait un caractère étrange, mais elle redonnait également de l'énergie à tous les danseurs présents.

« *Pourvu que ça marche ! Pourvu que je sois prise !* » ne cessait de se dire Marie.

À peine l'assistante eut-elle terminé que le travail commença.

– Tout d'abord, dit-elle, monsieur Nourieff souhaite vérifier que vous connaissez tous l'argument du ballet.

Aussitôt Marie fouilla dans sa mémoire. « *C'est l'histoire de la belle Raymonda qui attend son futur époux, le comte de Brienne, dans un château. Pendant qu'elle se languit, Abderam, un notable sarrasin, tente de la séduire. Mais le comte revient, se bat avec Abderam et le tue. Le ballet se termine sur les noces de Raymonda et du comte. Tout est bien qui finit bien.* »

– Les rôles les plus importants sont donc ceux de Raymonda, du beau comte au cœur pur et, bien sûr, du ténébreux Abderam, poursuivit l'assistante. Sans oublier Henriette, la proche amie de Raymonda, et aussi Clémence, Béranger et Bernard. Tous ces personnages ont des rôles de solistes. Monsieur Nourieff signale qu'ils seront probablement tous dansés par les étoiles de la compagnie. Mais il tient à vous faire savoir qu'il donnera également une large place au corps de ballet dans le spectacle. Le ballet comporte plusieurs scènes fameuses, comme la ronde des farfadets, le pas des garçons arabes, le grand cortège hongrois, la bacchanale générale ou l'apothéose, entre autres. Pour monsieur Nourieff, la coordination au sein du corps de ballet sera fondamentale.

Brusquement, le maître l'interrompit pour lui poser des questions d'un air agacé. L'assistante se tourna alors vers le pianiste, qui lui-même demanda quelque chose à la répétitrice. Enfin quelqu'un sortit et l'on vit entrer dans le studio une personne chargée d'une grande bouteille Thermos et d'une tasse de porcelaine posée sur un plateau. Le maître voulait sans doute s'assurer qu'il pourrait s'hydrater durant la séance de travail. Marie avait vu bien des fois les chorégraphes exprimer ainsi leurs petites manies. À sa manière, le « dieu » Nourieff redescendait ainsi au niveau des humains.

Après cet intermède, l'assistante reprit :

– Ce ballet doit mêler au final la danse purement classique à la danse de caractère, avec une touche de contemporain qui finira de dépoussiérer l'œuvre. Monsieur Nourieff vous demande donc de vous mettre dès maintenant au travail afin qu'il puisse bientôt répartir les rôles. C'est en vous voyant travailler qu'il décidera qui danse quoi. Cette première répétition va, en quelque sorte, servir également d'audition. La distribution sera faite par monsieur Nourieff selon son ressenti et votre évolution, conclut-elle.

D'un geste, le chorégraphe invita tout le monde à se placer dans la salle. Marie se décida enfin à regarder autour d'elle. Tous les grades de la compagnie étaient représentés et il y avait plusieurs sujets comme elle. Elle chercha Lancelot du regard ; il ne semblait pas faire partie du groupe.

– Nous allons d'abord travailler les mouvements d'ensemble, puis les duos, annonça le maître. Je veux que les spectateurs aient du plaisir à chaque instant et non pas qu'ils attendent uniquement l'apparition des solistes ou les pas de deux, insista-t-il. Nous devons les faire vibrer du début à la fin, sans que cette sensation retombe.

Cette nouvelle version du ballet promettait d'être stimulante, et Marie s'en réjouissait par avance. Oubliant avec bonheur les répétitions de *La Sylphide*, elle s'appliqua dès la première minute à répondre le mieux possible aux attentes du chorégraphe. Ce dernier montra d'abord quelques mouvements d'ensemble du corps de ballet et demanda à tout le monde de les exécuter. Aussitôt les danseurs se concentrèrent sur les pas proposés, s'efforçant au passage de comprendre l'état d'esprit que le chorégraphe cherchait à insuffler. Une énergie particulière, née de l'effort mais également teintée de joie, se faisait sentir.

– Ouvrez-vous à ce que je propose, ne cessait de dire Nourieff tour à tour en russe, en anglais et en français.

Dès les premières minutes, les danseurs comprirent que quelque chose était en train de naître, même s'ils n'en connaissaient pas encore la forme finale. Le maître leur communiquait son enthousiasme au point qu'une excitation imperceptible étreignait et soulevait peu à peu chacun d'eux. Marie mesurait sa chance de participer à ce processus. Plus d'une heure passa sans qu'elle s'en rende compte. De temps à autre, Nourieff ouvrait sa Thermos et se versait une tasse de thé chaud, tout en gardant l'œil rivé sur son groupe de danseurs. Mais lors d'une courte pause où tout le monde reprenait son souffle après une série de sauts, il élimina d'un seul coup une demi-douzaine de danseurs, se contentant de pointer le doigt sur eux puis de leur montrer la porte. Marie vit ainsi quatre garçons et deux danseuses quitter la pièce. L'une d'elle avait visiblement du mal à cacher ses larmes. Mais le maître avait tranché.

– Et maintenant, formez des couples, je vous prie, avec le plus proche partenaire, ordonna-t-il peu après.

Marie se retrouva face à Patrick Dubond. Le danseur, très apprécié du public, avait été nommé étoile l'année où elle-même faisait son entrée dans le corps de ballet. Il faisait partie de ceux que Marie admirait le plus au sein de la compagnie.

– Je… Vous voulez sans doute… Heu… danser avec quelqu'un d'autre ? balbutia-t-elle.

En guise de réponse, il la taquina :

– Pas du tout, pourquoi ? Tu as peur que je te mange ?

– Disons que… vous m'impressionnez, avoua Marie.

– Il ne faut pas, voyons. Tu t'appelles… heu… Maïka, c'est cela ?

– Oui. Comment le savez-vous ?

– Je regarde autour de moi, qu'est-ce que tu crois ? Quadrilles comme étoiles, nous faisons tous partie de la même maison.

– Je suis sujet, précisa Marie avec une pointe d'orgueil.

– Parfait. Eh bien, nous allons donc faire exactement comme monsieur Nourieff le demande, et ce sera très bien comme ça. D'ailleurs, qui sait ? Peut-être aurons-nous l'occasion de nous retrouver sur scène pour un duo, dans l'avenir.

Touchée par sa gentillesse, Marie reprit de l'assurance et tous deux se mirent en place ; le chorégraphe montrait déjà les premiers pas.

– Nous débuterrrons par le pas de deux puis nous verrrons les varrrriations, décréta-t-il soudain en français. Je sais que ce n'est pas l'ordre norrrmal, mais *this is a work in progress*[1].

Marie et Patrick se mirent alors à travailler véritablement ensemble. Pendant ce temps-là, le chorégraphe continuait à observer les danseurs, cherchant à en écarter certains et à assembler ceux qui, à ses yeux, allaient le mieux ensemble. Très vite, il proposa certains porters très difficiles. Les artistes s'efforçaient de suivre, mais pas encore avec des résultats très probants. Nourieff fronçait les sourcils sans qu'il soit possible de savoir s'il réfléchissait ou

1. C'est une étape de travail.

s'il exprimait son mécontentement. Soudain, il poussa une sorte de cri furieux. Aussitôt, tout le monde s'interrompit. Que se passait-il ?

– *You and you !* ordonna le maître en désignant un couple de danseurs. *You and... you*, continua-t-il en formant de nouveaux duos.

Séparée de Patrick Dubond, Marie se retrouva aux côtés de Kad Delarby, un danseur dont elle avait plusieurs fois perçu la gentillesse. Les répétitions reprirent encore, les pas de deux succédant aux variations.

Les minutes et les heures passaient, sans que le maître ne jette le moindre regard à la pendule. Il ne semblait jamais satisfait de ce qu'il voyait se mettre en place. Crispés, les muscles tendus, les danseurs s'efforçaient de ne pas montrer leur fatigue. On entendait seulement de temps à autre des exclamations d'effort ou le bruit d'une glissade ou d'une chute.

La fin de l'après-midi finit par arriver. Dehors, peu à peu, le jour laissait place à la nuit. La ville se mit à scintiller de tous ses réverbères. Rudy Nourieff sembla alors seulement prendre conscience du temps qui s'était écoulé.

– OK, annonça-t-il. Je veux que chacun d'entrrre vous connaisse tous ces pas demain.

Sur ces paroles, il alla se servir une dernière tasse de thé, mais ne trouva qu'une Thermos vide. Relevant la tête, il observa quelques instants, devant lui, le groupe des artistes totalement harassés. Il se mit alors à rire, leva sa tasse à hauteur de ses yeux puis la jeta par-dessus son épaule comme il l'aurait fait d'un verre de vodka. La répétition se termina ainsi, dans un éclat de rire espiègle.

– *Спасибо ! Спасибо !* répéta plusieurs fois Nourieff.

Les danseurs, soulagés, s'autorisèrent enfin à se diriger vers les vestiaires. En s'en allant, Marie repassa devant la salle de répétition, et elle aperçut le maître par la porte entrouverte. Il était placé face au miroir et s'était mis à reprendre un à un les différents moments du ballet.

« *Quel travailleur acharné !* », comprit Marie, très impressionnée.

Elle referma la porte discrètement, comprenant qu'il aurait pu être minuit ou deux heures du matin, la création ne pouvait attendre. Il fallait y travailler, y travailler sans cesse.

10

Assise en tailleur sur son lit, Marie massait ses pieds endoloris avec une huile à l'arnica. En rentrant chez elle, elle s'était débarrassée au plus vite de ses vêtements et de ses baskets pour prendre enfin la douche chaude dont elle rêvait. Elle avait jeté en vrac son manteau, son écharpe et le bonnet dont elle commençait à avoir besoin en ces jours d'automne dans l'entrée de son studio. Son sac gisait à terre, débordant de chaussons et de tenues de travail humides de sueur.

« *Adieu mes pointes !* » s'apitoya-t-elle en regardant l'état de la paire utilisée en répétition. Au bout du chausson, le tissu s'était totalement usé, des fils pendaient pitoyablement. La semelle avait ramolli. Un ruban s'était décousu. *« À ce rythme-là, il va m'en falloir encore plus que d'habitude... »*

Avant d'entrer dans sa salle de bains, elle écouta les messages sur son répondeur. Un seul avait été déposé ; Marie sauta de joie en reconnaissant la voix de son amie : « Salut, c'est moi, Elsa ! disait-elle d'une voix joyeuse. Je t'ai sans doute appelée trop tôt. Telle que je te connais, tu dois être en train de travailler une variation ou une autre à l'heure qu'il est. J'espère tout de même que tu n'y passeras pas la nuit parce que je compte te rappeler dans la soirée. Salut ! Je te rappellerai dans la soirée. »

Elsa Golovinoff et sa sœur Émilie avaient formé avec Marie un trio inséparable durant plusieurs années d'école. Puis la vie les avait séparées. Émilie avait raté un concours. Pour des raisons familiales, les deux sœurs étaient retournées vivre quelques mois plus tard en Russie, leur pays d'origine. Au début, la pauvre Marie s'était sentie très seule en leur absence. Si elle avait fini par accepter ces changements, elle n'en avait pas moins intensément besoin de sentir parfois la solidité de ses relations amicales. Si Émilie avait progressivement mis un terme à ses ambitions de danseuse, sa sœur, elle, était entrée au Bolchoï. Malgré le coût élevé des appels longue distance, Marie et Elsa se téléphonaient de temps en temps et parvenaient ainsi à maintenir un lien précieux. Impatiente d'avoir des nouvelles, Marie décrocha dès la première sonnerie.

– C'est Elsa, annonça une voix joyeuse au bout du fil. Ça fait tellement longtemps ! Comment vas-tu ?

– Comme tu es gentille de m'appeler d'aussi loin ! Je vais bien ! Du moins je crois, car j'ai mal partout… Mais j'imagine que tu n'appelles par pour connaître en détail toutes les parties de mon corps qui me font souffrir. Tu m'appelles de Moscou ?

– Oui, fit Elsa. J'ai une grande nouvelle : le Bolchoï devrait partir en tournée au printemps prochain en Europe. Je fais partie du voyage. Je parie qu'il y aura des dates à Paris. Alors on pourra se voir !

– Super ! s'exclama Marie. C'est trooooop génial ! Sinon, tu sais que j'ai beaucoup pensé à toi aujourd'hui ? Tu dois avoir entendu dire qu'on tient en otage un danseur russe dans les locaux de l'Opéra ?

Elsa éclata de rire à l'autre bout du fil.

– Je vois de qui tu parles, mais je crois que c'est plutôt l'inverse, non ? Ce n'est pas lui qui vous tient en otage ?

– C'est vrai, c'est vrai, reprit Marie. Un vrai bourreau de travail. Aujourd'hui, on le rencontrait pour la première fois. Je peux te dire qu'il n'est pas du genre à faire des discours. Il préfère danser ou nous faire danser. On n'a fait que ça presque toute la journée !

– Et vous préparez quel ballet ? Tu es distribuée dessus, si je comprends bien…

– Chut ! Top secret. Je ne peux pas te répondre. Juste un indice : il y a une histoire d'amour, une jeune fille, un prince, la mort et le mariage…

– Laisse-moi deviner… *La Belle au bois dormant* ? *Giselle* ? *Roméo et Juliette* ? *Casse-noisette* ? *Cendrillon* ? *La Sylphide* ?

Marie se mit à rire .

– Arrête ! Arrête ! Tu vas finir par citer tout le répertoire. Inutile d'insister, le choix du ballet est encore top secret, je te dis.

– OK alors dis-moi juste quel rôle tu vas jouer ?

Marie hésita légèrement.

– En réalité, rien n'est bien clair ; je risque de devoir faire simplement partie du corps de ballet, encore une fois. Rien de plus. J'ai travaillé comme tout le monde aujourd'hui :

mouvements de groupe, variations, pas de deux… – avec Patrick Dubond, tu te rends compte ? Mais monsieur Nourieff m'a regardée une ou deux fois seulement et il n'a fait aucune remarque. Je ne sais vraiment pas trop quoi en penser. Demain, il nous auditionnera à nouveau et on verra. Je ne suis que sujet…

– Ton heure viendra, la rassura Elsa d'une voix douce. Ne t'inquiète pas. Je dois te laisser maintenant.

– Oui ! Si je ne meurs pas d'impatience d'ici là. Attends ! Dis moi juste un truc. Il a dit quelque chose comme *passi... bassi... bassiba*… Désolée pour la prononciation. Qu'est-ce que ça veut dire ?

– Ça veut dire : merci, *Cnacuбo*… tu peux dire *Spassiba*[1] ! Allez, cette fois je te laisse. On se verra au printemps, si tout va bien. Bisous.

– J'ai hâte ! Je t'embrasse moi aussi. *Spassiba !*

Marie raccrocha, le sourire aux lèvres et le moral rechargé à mille pour cent. Après

---

1. En russe, *cnacuбo* veut dire « merci » et se prononce *spassiba*.

un rapide repas avalé en écoutant des airs de comédie musicale, elle s'endormit rapidement et se laissa glisser dans des rêves réparateurs.

Le lendemain, Marie arriva tôt pour la première leçon du jour. À sa grande surprise, elle découvrit que le maître était là, accompagné de sa traductrice, assise plus loin sur un tabouret. Nourieff s'était très simplement assis par terre pour effectuer quelques exercices d'étirement. En grand écart facial, il avait les avant-bras contre le sol et la tête penchée en avant. Il tenait la pose sans faire attention à son environnement. Pendant ce temps, plusieurs danseuses et danseurs pénétrèrent dans la salle et allèrent prendre place là où ils le souhaitaient. Maïka choisit prudemment de se mettre à distance, autant pour ne pas déranger le chorégraphe que pour ne pas se laisser intimider. Juste au moment où elle passait à proximité de lui, il releva la tête et la fixa.

– *What did you dream about, last night ?* lui demanda-t-il soudain.

Marie se mordit les lèvres, hésitant à dire la vérité. Devait-elle expliquer qu'elle avait passé une partie de la nuit à rêver du ballet et qu'elle s'y était même vue tenant un rôle important ? Le matin même, elle s'était éveillée pleine d'excitation au souvenir du travail de la veille. À peine levée, elle avait encore révisé les variations en « marquant » les pas de chaque séquence. Mais elle hésitait à le dire, car elle craignait d'avoir l'air de trop insister. Balançant entre l'anglais et le français, elle finit par répondre :

– *I think I did not dream. I was too exhausted*[1].

Le regard de Nourieff se fit alors tout à coup plus dur.

– Jamais tu dois arrrrrrêter de penser à la danse, lança-t-il en roulant les *r*. Toujourrrrs à la danse et seulement à la danse. Le jourrrr et la nuit… Ici à l'Opérrrra… dans votrrrre lit, dans vos rrrrêves ! *When I am sleeping, I imagine myself on stage, in front of the*

1. Je crois que je n'ai pas rêvé. J'étais épuisée.

audience. Vous devez penser à ce ballet, *Rrrraymonda*, sans arrêt. Penser à vos pas… aux mouvements… Tout le temps !

En l'entendant crier, plusieurs danseurs se retournèrent pour les dévisager.

– Oui, acquiesça Marie sans bien comprendre pourquoi il avait haussé le ton. Mais elle n'eut pas besoin d'y réfléchir encore car la nervosité du maître retomba presque aussitôt et il reprit ses exercices d'étirement, comme si rien ne s'était passé.

Sylvia, La voisine de barre de Marie lui sourit gentiment.

– Ne fais pas attention à ses sautes d'humeur, la rassura-t-elle. Tu n'y es pour rien ; tout le monde dit qu'il est comme ça. Il monte vite en température mais redescend tout aussi vite, surtout en période de création.

– C'est vrai qu'hier, il a crié, fit remarquer Marie. On aurait dit un rugissement.

– Eh oui ! Le seigneurrrr de la danse a aussi des défauts…

Le professeur du jour entra dans la salle

et Marie reconnut aussitôt Cyril Asnatoff, un ancien danseur étoile qu'elle avait plusieurs fois croisé durant ses années d'école. Il jeta un coup d'œil à la ronde et salua le maître d'un mouvement de tête complice. Les deux hommes appartenaient à la même génération de danseurs et s'étaient plusieurs fois croisés sur des scènes internationales. Ils avaient du respect l'un pour l'autre.

Avant de commencer, Cyril Asnatoff donna quelques précisions.

– Le cours d'aujourd'hui ne se déroulera pas tout à fait comme d'habitude, dit-il. Inutile de vous présenter l'élève remarquable qui s'est glissé parmi vous ; vous l'avez reconnu, bien sûr. Permettez-moi de vous dire que j'ai une profonde admiration pour Rudy. Non seulement parce que c'est un danseur exceptionnel, mais aussi parce qu'il travaille son corps à la manière d'un artisan inlassable. Je suis certain que vous le croiserez ici chaque matin désormais, qu'il pleuve ou qu'il vente, qu'il soit fatigué ou malade, et même les lendemains de spectacle. Il nous a rejoints hier à l'issue d'un très long voyage. N'importe qui aurait fait la grasse matinée après cela, mais non, il s'est levé et je parie qu'il était le premier ce matin dans la salle. Je vous laisse méditer cela. Moi, je dis simplement : chapeau.

Marie écoutait la tête, pleine d'admiration et de respect, tandis que Sylvia la poussait du coude.

– Travail, travail, travail… ironisa-t-elle en haussant les épaules.

Comment parvenait-elle à montrer un tel détachement ?

– En deuxième partie de cours, nous passerons à l'adage, ajouta Cyril Asnatoff, mais je laisserai Rudy aller s'installer dans une autre salle avec le groupe de ses danseurs d'hier. Si vous faites partie de ces privilégiés, tâchez de confirmer votre talent car il a l'intention d'attribuer les rôles aujourd'hui. Et je crois savoir qu'il ne tient pas forcément compte du grade que l'on occupe dans la compagnie.

Marie tressaillit. L'enjeu était de taille. La veille, le chorégraphe ne lui avait fait aucune remarque particulière et n'avait rien laissé paraître, si bien qu'elle était incapable de savoir ce qu'il pensait d'elle. Allait-il la garder ou l'écarter ? Ses questionnements s'interrompirent quand la pianiste plaqua ses premiers accords. Aussitôt, chacun se recentra. Tentant d'oublier la présence du « géant de la danse » dans la salle, les artistes, comme chaque jour, recommencèrent à s'échauffer.

– Et pliez… Un… et deux…

Chacun avait besoin de réveiller son corps et de reprendre le contrôle sur ses membres endoloris. Comme un rituel, pendant une soixantaine de minutes, les gestes succédèrent aux gestes, tandis que la musique les accompagnait. Durant ce cours, peut-être plus que pour d'autres, Marie s'efforça de danser de toute son âme. Depuis son entrée dans le corps de ballet, elle avait adopté le conseil de Claude Bessier : « Toujours danser le mieux possible, même pendant les leçons ordinaires. » Cela suffirait-il pour faire comprendre à monsieur Nourieff à quel point sa motivation était grande ?

– Et maintenant, tournez… Fondu assez loin… Quatrième… demi-plié… Piqué, et restez ! Merci à tous, nous en avons fini avec la barre, annonça soudain Cyril Asnatoff.

Marie étouffa un cri de surprise en réalisant que la moitié du cours était passé. Pendant que chacun se dirigeait vers ses affaires pour se tamponner le visage et boire un peu d'eau, Rudy Nourieff reprit son rôle de chorégraphe.

– *Come with me.* Rotonde Chauviré, lança-t-il à la ronde.

Puis après un sobre salut de la tête à Cyril Asnatoff, il alla prendre son sac et sortit, suivi des danseurs. Derrière lui, Marie se sentait devenir fébrile. L'expérience de la veille lui avait paru harassante, certes, mais surtout passionnante. « *Pourvu que je fasse partie de l'aventure !* se répétait-elle avec espoir. *Je n'aurais pas dû mentir tout à l'heure, mais plutôt lui dire que j'avais rêvé de* Raymonda *la nuit dernière, car c'était vrai. J'aimerais qu'il sente à quel point je suis passionnée. Il faut à tout prix qu'il me remarque !* »

11

Une fois parvenu sous la rotonde, le groupe se déploya dans la salle. Marie s'aperçut cependant que les danseurs étoiles et les premiers danseurs se plaçaient ostensiblement devant et laissaient l'espace arrière aux sujets, coryphées et quadrilles. *« La bataille se joue aussi parmi eux*, comprenait-elle. *Je ne suis pas la seule à espérer être retenue. »* Malheureusement, au lieu de l'apaiser, cette découverte ne fit qu'ajouter à sa nervosité. Quand tout le monde fut prêt, l'assistante expliqua la demande du chorégraphe :

– Monsieur Nourieff vous demande d'interpréter d'abord la première scène de groupe qu'il a chorégraphiée hier. Puis chacun d'entre vous présentera l'une des variations de son choix parmi les solos proposés.

Marie démarra donc en confiance les mouvements d'ensemble d'un tableau puis d'un autre, en cherchant à harmoniser ses gestes avec ceux des membres du groupe, comme elle l'aurait fait sur scène. Curieusement, Nourieff s'était assis et se contentait d'observer sans intervenir. De temps à autre seulement, il hochait la tête ou se penchait vers son assistante et lui glissait quelques mots à l'oreille. On voyait alors cette dernière noter quelque chose dans un carnet. Cette première partie de séance prit fin et presque aussitôt, Marie sentit monter de la tension dans l'air. Autour d'elle, toutes les danseuses savaient qu'elles allaient devoir jouer leurs meilleures cartes pour se montrer à la hauteur de l'attente du chorégraphe. Nourieff avait demandé à voir alternativement les garçons et les filles. Après un coryphée excellent, Marie fut le premier sujet à passer en solo. Tentant d'oublier les regards qui se braquaient sur elle, elle se lança sans attendre dans sa variation. Le début était facile : quelques pas pour entrer en scène et s'arrêter, les pieds en cinquième ; les mains sur les hanches, comme posées par-dessus un tutu invisible. Un premier claquement de mains… Piqué… rassemblé cinquième… Un deuxième claquement de mains, suivi d'un piqué, rassemblé et arrêt debout sur les pointes… Une main restait sur la hanche et l'autre s'élevait à l'arrière de la tête dans un mouvement plein de superbe… Marie connaissait les mouvements par cœur et, tout à son art, les effectuait l'un après l'autre. Tout se passait bien jusqu'au moment où elle croisa le regard du maître et en eut le souffle coupé. Ce n'était pas un regard mais une flèche, un poignard, un jet d'encre brûlant et aussi rapide que l'éclair. Son effet fut immédiat : Marie perdit contenance. D'un seul coup, tout s'arrêta.

Marie ne savait plus comment poursuivre. Une seconde avant elle enchaînait les pas, sûre d'elle, jouant son personnage avec fierté et plaisir. Mais la chorégraphie s'était brusquement totalement effacée de sa mémoire. Un gouffre béant et sombre s'était ouvert devant elle.

Le trou !

Elle ferma les paupières, cherchant à se souvenir de la suite. Rien. Aucune image ne lui revenait. Aucun mouvement. Au bord de la panique, elle se releva sur ses pointes et se mit à tourner sur elle-même, balançant les bras dans des gestes totalement improvisés. Le mouvement en amena un autre et encore un autre. Marie se laissa ainsi emporter par son inspiration, dans un mouvement où l'on pouvait voir le tourbillon puissant du vent ou les flots déchaînés de l'océan. Tout en tournant, elle effectuait petit à petit un déplacement latéral qui l'amena au point où devait débuter la toute dernière partie de la chorégraphie. Enfin elle réussit à se sortir du cœur de sa tornade imaginaire pour enchaîner avec les derniers pas de la variation. La mémoire venait de lui revenir, mais n'était-ce pas trop tard ? Elle s'arrêta, toute tremblante, et tourna la tête vers le maître chorégraphe. Durant plusieurs secondes, il ne dit rien et Marie, déconcertée, demeura pétrifiée au centre de la salle. Puis elle l'entendit s'adresser à son assistante. Marie n'avait pas besoin de comprendre le russe. Le geste de la main du chorégraphe parlait de lui-même.

– Poussez-vous ! traduisit l'assistante. Monsieur Nourieff vous demande de laisser la place au danseur suivant.

Abattue, Marie s'éloigna, la tête basse et les joues brûlantes de honte. Elle aurait aimé pouvoir aller se cacher sous terre. Une fois là, recroquevillée au fond de sa tanière, elle aurait tenté de digérer ce qui venait d'arriver.

« *Quelle catastrophe !* », se répétait-elle, totalement déçue de sa prestation.

Mais il fallait poursuivre, bien sûr, garder la tête haute tout en voyant passer les autres. Quand l'audition fut achevée, Marie sentit approcher le moment le plus douloureux de la journée. Dans la salle de répétition, l'air parut se raréfier et se tendre, comme un arc. Nourieff prit le temps d'une dernière concertation avec son assistante avant de se lever. Marie aurait voulu se boucher les oreilles pour ne pas l'entendre. Mais à sa grande surprise, au lieu de prononcer leurs noms, le maître se dirigea vers chacun des danseurs qu'il avait repérés, leur donnant le nom du rôle qu'ils devraient interpréter. Il nomma ainsi jusqu'à huit danseurs étoiles pour les rôles principaux de Raymonda et de Jean de Brienne. Puis il choisit encore trois garçons pour jouer le Sarrazin séducteur Abderam. Enfin arriva le moment de l'attribution des seconds rôles. Marie tenait à peine debout. Chancelante, elle ferma les yeux un instant. Quand elle les rouvrit, ce fut pour découvrir que Rudy Nourieff se tenait devant elle :

– *You will play Henriette*, lui dit-il d'une voix pleine de chaleur. *Your style and your reaction convinced me. You have caught the spirit of the ballet. I want you on tour abroad, with the company.*

Marie n'était pas sûre de pouvoir vraiment croire ce qu'elle venait d'entendre. Heureusement, comme pour les autres avant elle, l'assistante traduisit les mots du chorégraphe :

– Monsieur Nourieff souhaite vous voir jouer le rôle d'Henriette. Votre style et votre réaction tout à l'heure l'ont convaincu. Il souhaite que vous fassiez partie de la future tournée de la compagnie à l'étranger.

Marie eut alors l'impression que le plafond de la rotonde venait de s'ouvrir, laissant enfin passer une brise respirable et légère qui défaisait son chignon et soulevait sa chevelure. Des ailes lui poussaient dans le dos, ses pointes décollaient du sol et bientôt, elle se mit à flotter dans les airs bien au-dessus du toit du palais Garnier. Un cadeau, elle venait de recevoir un deuxième cadeau en seulement deux jours ! « *Pourvu que j'en sois digne* », se disait-elle encore la veille. Mais cette fois, c'était le maître lui-même, le chorégraphe et danseur le plus extraordinaire du monde qui venait de le lui annoncer : « *You will play Henriette.* » Alors, tout à la joie des belles perspectives qui s'ouvraient, elle chuchota, pleine de reconnaissance : « *Spassiba ! Spassiba ! Spassiba !* »

12

– J'ai deux nouvelles : une bonne et une bonne. Laquelle tu veux ? demanda malicieusement Marie au téléphone.

– N'importe ! répondit Tina.

– Eh bien, j'ai été prise : je suis distribuée sur *Raymonda*.

– Wouaaah ! C'est une super nouvelle ! Bravo ! Bravo ! s'exclama Tina au bout du fil. Nourieff t'a choisie.

– Ouiiii ! Pas Nourieff, mais monsieur Rudy Nourieff, danseur chorégraphe et directeur de la danse à l'Opéra… en personne. Je n'en reviens pas, dit Marie. Surtout que j'ai eu un trou de mémoire incroyable durant les auditions. Ça ne m'était jamais arrivé.

Tina se mit à rire.

– C’est vrai que d’habitude, ton truc à toi, c’est de t’étaler de tout ton long par terre ou bien de tomber malade… Ou encore de déclencher une migraine atroce juste avant un moment important… Alors cette fois, comment as-tu réagi ?

– J’étais pétrifiée… Je suis d’abord restée sans bouger. Et finalement, au lieu de laisser tomber, j’ai recommencé à danser. J’ai tournoyé… En fait, je ne sais même plus très bien. J’ai eu l’impression qu’une part de moi avait repris le contrôle, sans me consulter.

– Tu as improvisé, en somme ?

– Exactement. Du moins je crois. En tout cas, j’étais persuadée d’avoir tout raté et finalement… On me donne un rôle de soliste : je vais être Henriette, l’amie de Raymonda.

– Youpiiiii ! Grandiose ! Je le savais ! Tu es trop forte… Respect, Marie… Heu… Je veux dire Maïka ! Une impro réussie puis te voilà distribuée : je comprends pourquoi tu as dit que tu avais deux bonnes nouvelles…

– Non, la deuxième c'est que je vais partir découvrir l'Amérique.

– Ah non, là, je t'arrête tout de suite, corrigea Tina. Et j'ai une mauvaise nouvelle : Christophe Colomb a fait le voyage avant toi.

– Ha ! Ha ! Ha ! Je voulais dire que je vais partir en tournée avec le corps de ballet. Tu te rends compte ? On va danser au Metropolitan, à New York !

Dans l'avion qui l'emmenait aux États-Unis, Marie repensait à sa conversation avec son amie, trois mois auparavant. Après cet appel, elle avait également contacté Elsa et Émilie pour leur raconter les derniers événements. Il n'y avait qu'une seule ombre au tableau : le trio n'allait pas pouvoir être réuni au printemps suivant, car le ballet de l'Opéra de Paris était attendu à New York, pendant que la troupe du Bolchoï était, elle, l'invitée du palais Garnier…

– Ça s'appelle un chassé-croisé… déplora Marie. Pas de chance.

– « Pas de chance » ? Ah bon ? plaisanta Elsa. Qu'est-ce que c'est que ce mouvement que je ne connais pas ? Jusqu'à présent, je ne connaissais que les « pas chassés ». Allez, ne t'en fais pas, on finira bien par se revoir, conclut-elle, philosophe…

Le travail de répétition quasi quotidien avait été long et intense, mais depuis la première représentation, *Raymonda* ravissait les spectateurs. Rudy Nourieff avait gagné son pari de remonter ce ballet méconnu du public. La critique saluait sa vision et admirait le choix de ses danseurs. Quant à Marie, avoir la confiance du grand chorégraphe danseur lui avait donné des ailes. Elle était saisie d'une joie intense à l'idée qu'elle participait enfin à un ballet en tant que soliste. Et c'est pourquoi lors de chaque spectacle elle mettait plus de cœur que jamais à incarner son personnage.

En fin d'année, les premières représentations lui parurent passer en un éclair. Au début du printemps suivant, la troupe embarquait pour une série de dates aux États-Unis.

– Notre avion va désormais commencer sa descente vers New York, annonça au micro le chef de bord. Tous les passagers sont priés de rejoindre leurs places. Merci de redresser vos sièges et d'attacher vos ceintures.

L'avion finissait de survoler l'Atlantique. Marie écarquilla les yeux par le hublot de l'appareil. Là-bas, la statue de la Liberté se dressait dans la baie de Long Island. Les tours de Manhattan rendues floues par la brume du matin apparaissaient au loin, presque irréelles. *Pincez-moi, je rêve…* Parmi les passagers à bord, dans la partie avant de l'appareil, Rudy Nourieff était en train d'ajuster sa toque en poils de renard sur sa tête. Marie n'en revenait pas d'appartenir à toute cette magnifique délégation artistique.

Quelques minutes plus tard, l'avion s'immobilisa sur le tarmac de l'aéroport J.-F.-Kennedy. Les portes de l'appareil s'ouvrirent. Sur la passerelle, Marie prit le temps d'inspirer profondément avant de descendre. Elle venait d'avoir vingt ans et vivait ce voyage comme un cadeau grandiose que lui faisait la vie. L'air sentait le goudron chaud et les vapeurs de kérosène, mais la jeune ballerine ne percevait que le parfum unique et délicieux de sa passion toujours renouvelée pour son métier. *« Bonjour New York, bonjour l'Amérique !* pensa-t-elle. *Et par ici les journalistes et les fans de danse. Ce soir, on va vous en mettre plein la vue. On est le ballet national de l'Opéra de Paris ! »*

13

Répéter, se faire mal, recommencer, travailler encore et encore… Se préparer, se maquiller, se coiffer, se costumer, entrer en scène… Sortir de scène, se changer à toute vitesse, corriger son maquillage, changer de pointes… Danser le mieux possible, saluer, remercier, sortir de scène. Se démaquiller, se déshabiller, se laver, rentrer chez soi… Se coucher et reprendre, le lendemain, dès la première leçon de la matinée…

La vie tournoyait autour de Marie au rythme d'une sarabande. Quatre années s'étaient écoulées depuis son mémorable voyage à New York. La jeune ballerine avait collectionné les rôles depuis ce temps-là : *Giselle, Le Lac des cygnes, Le Sacre du printemps, Casse-Noisette,*

Don Quichotte… Ses rôles de soliste la faisaient de plus en plus remarquer. Son allure, qui autrefois en étonnait certains, accrochait désormais les chorégraphes invités au palais Garnier. Ils étaient de plus en plus nombreux à solliciter la danseuse au regard charbonneux et aux longs cheveux noirs pour leurs créations.

– Je ne peux pas me plaindre de ne pas avoir assez de travail, en vint à expliquer Marie à Tina. J'ai plutôt trop de propositions que pas assez.

– Mais on dirait que ça ne t'arrange pas…

Tina laissa passer quelques instants de silence. Faute de pouvoir se voir souvent, les deux amies avaient fini par s'aménager, au fil des ans, des rendez-vous téléphoniques lors desquels toutes les confidences étaient permises.

– Ce n'est pas ça, mais parfois on fait des gaffes ou on provoque des tensions, sans le vouloir…

– Dis m'en un peu plus, insista Tina parce que là, je n'y comprends rien.

– Eh bien écoute. Il y a quelques jours, en sortant d'un vestiaire je tombe sur une femme magnifique. Je l'avais déjà vue deux ou trois fois : une chorégraphe américaine au physique moderne, longiligne, gracile… Elle me rappelait la troupe de Loris Léjart, les danseurs du Bal du xxe siècle, tu vois un peu. Justaucorps intégral et, pour la coiffure, raie au milieu et un chignon bas sur la nuque…

– Ah, parce que ça fait une différence ?

– Bien sûr ! Normalement on ne se fait pas de raie au milieu. On tire les cheveux et hop… Mais peu importe. Cette femme dirige un groupe de travail confidentiel… dans les sous-sol du palais Garnier, je crois…

– Pas dans le lac au moins ! pouffa Tina.

– Non, non… Alors elle me dit : « Bonjour ! Vous m'intéressez. » J'ai d'abord été intriguée qu'elle se montre aussi directe.

– Y a le feu au lac, c'est pour ça ! Ha ! Ha !

Marie se mit à rire.

– Ha ! Ha ! Ha ! Laisse-moi finir… Elle continue : « Je m'appelle Larsen, Carole

Larsen… Mon groupe secret vous attend, si vous voulez explorer quelque chose d'autre, bien sûr… Ce n'est pas classique. Pas académique du tout… Venez me voir au sous-sol… Le matin, à l'heure du premier cours. Vous verrez, c'est… différent. *Are you interested ?* »

– Laisse-moi deviner, l'interrompit Tina, faussement sérieuse. Tu es allée voir, bien sûr.

– Bien sûr. Claude Bessier m'avait conseillé d'être curieuse quand j'ai été engagée… Jusque-là, ça a toujours marché. Alors j'y suis allée… Imagine : je pousse la porte, je tombe sur un musicien, mais pas un pianiste, un contrebassiste. Je tombe aussi sur… Lancelot, qui avait l'air très à l'aise.

– Heureusement que tu le croises de temps en temps, celui-là.

– Oui. Donc, je suis là, toute contente, je commence à travailler… Carole Larsen me fait retirer mes pointes. On est une demi-douzaine là, à improviser sur la musique… Le travail qu'elle propose est super, j'adore, je me laisse aller et…

– … et boum, tu tombes par terre ?

– Non.

– Alors heu… C'est le moment que tu choisis pour avoir un trou de mémoire ?

– Non.

– Alors voyons… heu… Boum, tu déclenches une migraine ?

– Non, mais je déclenche quelque chose : la colère de Rudy Nourieff, qui déboule comme une furie dans la salle et qui me lance sa Thermos à la tête !

– Aïe !

– Ouille ! J'ai réussi à baisser la tête juste à temps… Et là je le vois, furieux, qui se met à hurler des tas de choses en russe, en anglais et en français… Je comprends qu'il m'ordonne de rassembler mes affaires et de le suivre… Je me sens comme une fillette de huit ans, un petit rat de rien du tout…

– Alors que tu es un grand sujet génial…

– Non, pas du tout.

– Pas du tout ? Comment ça ?

– Pas du tout ! Depuis ce jour-là, et peut-être

grâce à ça, maître Rudy Nourieff, directeur de la danse de l'Opéra de Paris m'a nommée… première danseuse !

– Hiiii Haaaaa ! Olé ! Super ! Génial ! Tu ne pouvais pas le dire plus tôt ? Non mais je te jure ! Je te féliciiiiiite, ma Maïka, bravoooo !

– Merci, merci, merci !

– Donc si je comprends bien, tu n'es plus qu'à un pas de… Je veux dire…

– Chuuuut ! fit Marie sagement. Je dois raccrocher maintenant. La suite au prochain numéro.

14

La répétition semblait interminable et Marie était à bout. Après une série de ballonnés battus, elle dégringola à terre en se retenant de justesse de hurler.

– Ça va, Marie ? demanda la répétitrice.

– Ça va ? insista Kad, son partenaire, en la voyant grimacer.

Elle savait que ce qu'elle venait de ressentir au mollet était grave. Un claquage, c'était déjà énorme, mais deux, cela devenait invraisemblable ! Pourquoi le sort s'était-il acharné sur elle ce jour-là ? Le jour précis de la dernière représentation du ballet ?

Depuis quelques jours, Marie incarnait Kitri, le personnage principal de *Don Quichotte,* et elle commençait à se dire que cette représentation risquait fort d'être celle de trop.

« *Allons, allons,* se reprit-elle, *la douleur finira bien par s'effacer. De toute façon, je ne peux pas me permettre de ne pas danser. Papa, maman, Tina, tous ceux que j'aime seront là. Y compris Elsa et Émilie. Je ne peux vraiment pas les décevoir. Et il y a aussi toutes mes petites admiratrices de l'École de danse. Et aussi la Grande Mademoiselle, accompagnée de son horreur de nièce, Aurore Bessier. Celle-là, rien que pour la faire bisquer, je dois danser. Et même mademoiselle Renucci, si je ne me trompe pas. Et monsieur Perrin, l'intendant de l'Opéra. Et Geneviève, ma toute première prof de danse. Et aussi mademoiselle Baussard. Et Lancelot, bien sûr.* »

– Oui... répondit-elle à voix haute à son partenaire. De toute façon, on avait terminé la répétition, non ?

Plus Marie réfléchissait, plus elle trouvait de noms à ajouter sur sa liste. Toutes les personnes qui, de près ou de loin, avaient été présentes sur son parcours de danseuse allaient être réunies ce soir-là. Elle avait eu la chance de pouvoir leur offrir des invitations, mais elle trouvait maintenant qu'elle jouait de malchance.

Deux heures avant le début du spectacle, la jeune ballerine alla trouver refuge dans sa loge. Elle se planta devant le miroir.

– Tu es Maïka, tu as vingt-sept ans et tu as déjà vécu des choses pareilles, lança-t-elle à sa propre image. Alors tu peux le faire encore une fois. Sois forte, oublie ta douleur et écoute ta passion !

Mais la passion avait du mal à se faire entendre par-delà la douleur. Après les répétitions, Marie passa une partie de la fin de journée à se masser le mollet avec une crème décontractante. Sans aucun succès.

Ses costumes avaient déjà été déposés dans sa loge par une habilleuse. L'un d'eux, un tutu au buste de satin crème, était celui qu'elle devait porter dans le tout dernier tableau. Mais allait-elle réussir à danser jusque-là ? Le buste de satin crème était souligné de bandes de ruban noir, assorti à des manchettes froncées, à enfiler sur les avant-bras. Des bandes de passementerie noire se rejoignaient sur le tutu. Marie remarqua soudain qu'elles formaient un V sur la poitrine... *« V comme victoire ou comme vaincue d'avance ?* s'interrogea-t-elle avec pessimisme. *À l'heure qu'il est, je ne suis sûre que d'une chose : ce soir, j'entrerai en scène, mais il m'est impossible de savoir si je réussirai à aller jusqu'au bout de la représentation. »*

Marie comptait désespérément sur l'effet que lui faisait la scène : généralement, elle oubliait ses soucis dès qu'elle se retrouvait face au public. Presque instantanément, elle avait l'impression de passer dans un état second ; plus de problèmes, plus de douleurs, rien ne pouvait plus l'atteindre tant elle se concentrait sur le spectacle. Et elle se sentait soulevée comme par magie au-delà d'elle, comme si la danse l'enlevait de terre et la transformait. Jusqu'à présent, le phénomène avait toujours eu lieu, mais Marie ignorait si la magie se reproduirait une fois encore. Cette dernière représentation risquait d'être la plus triste qu'elle ait jamais connue.

« *Peut-être devrais-je aller prévenir Kad ?* », se dit-elle.

Poussée par cette impulsion, elle sortit de sa loge et se dirigea vers celle de son partenaire.

« Il faut que je lui dise que je ne peux pas danser ce soir... Que je m'excuse... Si je le fais à temps, ils auront le temps de désigner une remplaçante... »

Les pensées se bousculaient dans l'esprit de Marie lorsqu'elle se retrouva devant la porte de son partenaire, Kad Delarby. Elle frappa trois petits coups discrets, mais seul le silence lui répondit. Elle hésita quelques secondes avant de frapper encore. Toujours aucune réaction. Marie se décida à tourner doucement la poignée de la porte, mais la loge demeurait fermée. Abattue et pensive, la ballerine regagna lentement ses quartiers. Entre-temps, des messages avaient été glissés sous la porte de sa loge. D'un geste mélancolique, elle les disposa sur sa coiffeuse. « Tu me grises et tu m'inspires ! », disait Lancelot. « Tous nos encouragements pour ce soir ! », « Bravo d'avance ! », l'encourageaient ses amis. « Meilleures pensées et bisous de papa et maman », « Tu vas encore être super extra formidable ! Je t'embrasse, ma ballerine préférée (signé : Tina). »

« Impossible d'abandonner, tu ne peux pas les décevoir... se sermonna Marie. *Tu peux y arriver, tu vas y arriver... »*

Lentement, elle commença à se coiffer et termina en piquant une fleur rouge dans ses cheveux. Elle passa ensuite au maquillage. Avec une petite éponge, elle appliqua d'abord du fond de teint. Puis elle redessina ses sourcils au crayon avant d'ombrer ses paupières et de se fixer des faux cils. L'heure tournait. Elle enfila son premier costume, une belle robe rouge et or au plastron décolleté et à la jupe bouffante. Elle attrapa l'éventail assorti, se couvrit les épaules d'un châle et quitta sa loge dans la direction du petit foyer. Là, elle retrouva plusieurs membres de la troupe. Tout le monde était occupé à s'échauffer. Le trac commençait à devenir palpable, comme un souffle d'air saturé par la tension d'avant spectacle. Kad était au bout de la salle. Dès qu'il vit Marie, il la rejoignit et lui lança un sourire généreux et bienveillant.

– Ça va être super ce soir, je le sens, dit-il, très confiant.

Marie préféra lui répondre par un hochement de tête approbateur, plutôt que de se plaindre.

La rumeur de la salle commençait à gronder. Marie imaginait ses parents, Tina, Émilie et Elsa prenant place dans la salle, la Grande Mademoiselle, mademoiselle Renucci, Geneviève, son professeur d'enfance… Et encore peut-être le régisseur, monsieur Perrin, là-haut, prêt à voir le spectacle depuis le collier de perles, en toute discrétion…

Un régisseur invita les danseurs du premier tableau à aller en coulisse. Marie retira son châle et se rapprocha. Le chef d'orchestre alla prendre place dans la fosse, sous les applaudissements du public. Il leva sa baguette et dans le silence qui suivit démarra l'introduction du premier acte. Quelques secondes plus tard, Marie, devenue Maïka, allait entrer sur scène et se métamorphoser en Kitri en même temps que Kad, lui, deviendrait Don Quichotte…

Marie et Kad marchèrent vers l'avant de la scène pour saluer le public. Marie était incapable de dire comment elle avait dansé.

Elle n'en avait aucun souvenir. Durant tout le ballet, elle s'était sentie dans un état second, comptant sur sa mémoire du mouvement, sa technique et la musicalité de l'œuvre, autant que sur le soutien de son partenaire. Seuls les derniers accords éblouissants de l'orchestre lui avaient permis de revenir à elle. Kad lui tendit la main et tous deux saluèrent le public. Éberluée, Marie n'en revenait pas de leur succès. Les ovations lui bourdonnaient aux oreilles. Elle avait donc réussi à tout danser, du début à la fin ? Son mollet droit lui donnait l'impression de brûler de l'intérieur, mais elle éprouvait avant tout un soulagement infini.

Un mouvement eut lieu côté jardin, près du bord de scène. Un technicien venait d'apporter un micro. Marie n'eut pas le temps de réaliser ce qui était en train de se passer. Comme au ralenti, elle vit alors monter sur scène les deux hommes les plus importants de l'administration du palais Garnier : Patrick Dubond, le nouveau directeur de la danse, suivi du directeur général de l'Opéra.

– Mesdames, mesdemoiselles, messieurs, fit le premier, j'ai l'honneur de nommer étoile du ballet de l'Opéra de Paris mademoiselle Maïka Pietro !

Durant un instant, Marie contempla cette salle magnifique, laissant son regard errer du parterre aux loges en passant par les quatre hauteurs de balcons. Quel lieu magnifique ! Quelle chance elle avait eu de pouvoir danser dans un endroit aussi exceptionnel. Et quelle chance d'avoir pu aller jusqu'au bout du spectacle. Une immense ovation monta du public pendant que, dans son cœur, Marie avait l'impression d'exploser. Lâchant les mains de son partenaire, elle baissa la tête pour ne pas faire voir les larmes qui lui montaient aux yeux. L'épuisement et la tension reprenaient le dessus. Elle s'effondrait. La douleur, dans son mollet revenait, fulgurante, et avec elle toutes les autres douleurs subies durant les années précédentes. Pendant un instant, elle vacilla et dut s'aider en maintenant ses mains sur sa taille pour éviter de basculer. Elle parvint cependant à relever la tête et tenta de sourire au public. Elle n'arrivait pas à discerner les visages des spectateurs assis dans les premiers rangs. Ses yeux se tournèrent alors vers les deux personnes qui venaient de la nommer. Patrick Dubond la regardait d'un air interrogateur. « Avez-vous bien compris ce que nous venons d'annoncer ? semblait-il lui dire. Vous venez d'atteindre le plus haut grade qu'une ballerine française puisse atteindre. Ça y est, vous êtes au firmament ! » Kad, son partenaire, se rapprocha d'elle et la prit dans ses bras.

– Félicitations, ma chère Maïka ! Un grand, grand bravo ! Depuis le temps… C'est tellement mérité… !

Marie tenta de répondre, sans y parvenir. Ainsi, le moment tant attendu était enfin arrivé. Elle était parvenue au sommet de la montagne. Petit à petit, l'événement faisait son chemin dans son esprit, mais elle avait encore du mal à y croire.

– Il faut que tu ailles remercier les directeurs et saluer le public, lui glissa encore Kad. Vas-y ! Ils attendent tous que tu réagisses.

Il s'écarta. Marie aurait préféré s'éloigner et reprendre ses esprits un instant, dans les coulisses, mais elle fut bien obligée de se ressaisir. Elle s'avança alors de quelques pas et se fendit en une profonde révérence. Les applaudissements s'amplifièrent aussitôt, tandis que des roses et des bouquets de lys atterrissaient en pluie sur la scène. Elle vit s'approcher les deux directeurs, qui tour à tour l'embrassèrent.

– Comme c'était bon d'avoir ce secret en tête toute la journée, lui glissa Patrick Dubond à l'oreille. Tu peux encore saluer le public, tu sais ? Manifestement tout le monde t'acclame.

– On a vraiment bien fait ! dit plus sobrement le directeur général.

Craignant de se laisser déborder par les larmes, Marie se fendit à nouveau en une élégante et profonde révérence.

– Merci ! Merci ! articula-t-elle à l'adresse du public.

Et soudain, tout se mit à briller : le papier cristal des bouquets, les regards admiratifs du public, la lumière des projecteurs, le beau sourire de Kad, les paillettes sur le costume de Marie… Était-elle en train de voir tomber une pluie d'étoiles ? Un sourire minuscule et un peu forcé lui vint aux lèvres. Oui, peu à peu elle l'acceptait : elle venait de toucher du doigt son rêve ! Quelque chose de presque irréel venait de se passer. Elle se sentait flotter et son esprit partit soudain très haut au-dessus d'elle, bien au-delà du collier de perles, des peintures de la coupole et du toit du palais Garnier. Comme les étoiles dans le ciel, Marie pouvait revoir l'ensemble de son parcours, depuis son entrée à l'École de danse, lorsqu'elle était enfant, jusqu'à ce moment d'épuisement et d'extase. La nouvelle *prima ballerina* entendait les acclamations, mais derrière, ce qui lui parvenait était l'écho des années passées et des images, multiples et rapides, qui lui revenaient comme des flashes. Elle repensait aux heures si nombreuses de travail acharné qu'elle avait vécues pour en arriver là. Ces heures où elle avait tant douté, où elle était tombée, où elle s'était relevée, où elle avait continué. Ses yeux se voilèrent de larmes. Elle savait qu'il lui faudrait encore quelques heures pour goûter enfin toute la saveur de cette extraordinaire récompense. Et dès ce moment aussi, une nouvelle intuition commença à poindre en elle. Elle devinait que ce titre magnifique dont elle avait tant rêvé n'était pas, en réalité, la marche la plus haute du podium. Certes, elle touchait ce jour-là un firmament, mais contrairement aux apparences, il était un tremplin, le début d'autre chose.

« *Un jour*, se dit-elle, *je ne serai plus uniquement une étoile de l'Opéra, je serai moi, simplement moi. Une femme qui exerce le métier de ses rêves. Une femme qui invente et met en scène des histoires avec son corps… Oui, je serai une femme qui danse !* »

Annexe

Depuis le début de la série, les noms des personnages constituent à la fois des clins d'œil et un jeu de piste pour les lecteurs. Connais-tu les vrais noms correspondant à ceux, fictifs, des personnages qui ont côtoyé Marie dans la série ?

À toi de jouer : d'après toi, laquelle de ces propositions est le véritable nom du danseur, A ou B ?

	A	**B**	Réponse
1	Cyril Asnatoff	Cyril Atanasoff	
2	Alwin Bailey	Alwin Ailey	
3	Claude Bessy	Claude Bessier	
4	Élisabeth Platel	Élise Clatel	
5	Françoise Degré	Françoise Legrée	
6	Kader Belarbi	Kad Delarby	
7	Andrew Degroat	Andrew Deboat	
8	Michael Dénard	Michel Demard	
9	Monique Loudières	Monique Doudière	

	A	B	Réponse
10	Patrick Dubond	Patrick Dupond	
11	Roland Petit	Roman Dupetit	
12	Jean-Pierre Frechetti	Jean-Pierre Franchetti	
13	Jean Guizery	Jean Guizerix	
14	Rosella Hightower	Rosa Highertower	
15	Maurice Béjart	Loris Léjart	
16	Guilène Theymar	Ghislaine Thesmar	
17	Dominique Khalfou	Dominique Khalfouni	
18	Rudolf Noureev	Rudy Nourieff	
19	Noella Pontois	Noella Ponce	
20	Violette Verzy	Violetta Verdy	

Réponses : 1.B, 2.B, 3.A, 4.A, 5.B, 6.A, 7.B, 8.A, 9.A, 10.B, 11.A, 12.B, 13.B, 14.A, 15.A, 16.B, 17.B, 18.A, 19.A, 20.B

Table des matières

Retrouve Marie dans les autres tomes de la série *Étoile* :

Tome 1 : *En piste !*
Tome 2 : *C'est la rentrée*
Tome 3 : *Le Feu sacré*
Tome 4 : *Pas de deux*
Tome 5 : *L'Envol*

Retrouve les autres séries de notre collection « À chaque passion son histoire » :

Goal !, Antoine Griezmann
Freestyle, Soprano
Penny au poney-club, Pénélope Leprévost
Penny en concours, Pénélope Leprévost

Direction littéraire
Laurie Beck

Composition
PRESS·PROD

IMPRIM'VERT® PEFC™ 10-31-1510

Imprimé en France
par Corlet Imprimeur
14110 Condé-en-Normandie
Dépôt légal : octobre 2019
N° d'impression : 205432
ISBN : 978-2-7499-3332-0
LAF : 2416 F